Trennkost-Küche

Das Beste aus

Ursula Summs

Trennkost-Küche

FALKEN

Inhalt

Vorwort

Kennen Sie den faszinierenden Zustand, sich rundherum wohlzufühlen, sich so zu fühlen als hätten Sie Flügel?

Ich verrate Ihnen in diesem Buch mein ganz persönliches Rezept und möchte Ihnen daran zeigen, wie Sie mit sehr einfachen Mitteln Ihr Wohlbefinden enorm steigern können.

Sie müssen kein schlechtes Gewissen haben, wenn Sie mal so richtig schlemmen, müssen nicht immer Diät halten oder Kalorien zählen, dem Alkohol für immer entsagen und täglich ein anstrengendes Fitneßprogramm absolvieren. Auch ich esse ab und an gern Schokolade und Eiscreme, finde morgendliche Turnübungen langweilig und hasse es, Dinge tun zu müssen, die meinem Naturell nicht entsprechen.

Aus eigener Erfahrung weiß ich heute, daß das Geheimnis der Gesundheit und des Glücklichseins in den alltäglichen, einfachen und naheliegenden Dingen liegt. Viele suchen es in der modernen Medizin und erkennen nicht, daß die Lösung vieler Probleme darin liegt, die eigene Lebensweise zu verändern. Gehen Sie diesen Weg, suchen Sie nach annehmbaren Kompromissen, legen Sie schlechte Gewohnheiten ab und nehmen bessere an.

Handeln Sie dabei nicht gegen Ihren Willen und bringen zum Beispiel nur noch „Gesundes" auf den Tisch, sondern lassen Sie sich mit der Umstellung Zeit.

Brechen Sie also nichts übers Knie, sonst werden Sie bald alle guten Vorsätze wieder fallenlassen, weil Sie sie als Belastung empfinden. Körper, Seele und Geist muß man gleichermaßen pflegen. Nehmen Sie sich deshalb jeden Tag etwas ganz Schönes vor, um dadurch Ärgernisse auszugleichen.

Lernen Sie, sich selbst zu lieben, und seien Sie gut zu sich und Ihrem Körper. Entwickeln Sie Ihre eigene Persönlichkeit, indem Sie, wie bei einem Mosaik, Teilchen für Teilchen zu einem ganz harmonischen Bild aneinanderfügen.

Niemand verlangt von uns zu leiden. Wir sollten vielmehr versuchen, glücklich und zufrieden zu sein, denn nur so können wir Ruhe ausstrahlen und andere dadurch positiv beeinflussen.

Auch das Lachen ist ein Teil des „Lebensmosaiks". Es verändert den Menschen viel mehr als jede andere Gefühlsäußerung. Und dies nicht nur äußerlich, sondern auch innerlich. Durch herzhaftes Lachen kommt der Kreislauf in Schwung, werden Organe und auch das Immunsystem positiv beeinflußt.

Es kommt noch hinzu, daß Lachen oft „ansteckt", daß der Funke zu unseren Mitmenschen überspringt und sich gute Stimmung ausbreitet.

Ein weiterer Teil des „Lebensmosaiks" sind die Gedanken. Lassen Sie nicht zu, daß zum Beispiel Neid- oder Haßgefühle Ihr Denken bestimmen und Ihre Seele „infizieren". Ein schlechter Gedanke zieht leicht andere nach sich, und schneller als man denkt fühlt man sich seelisch krank. Solche Leiden sind oft anhaltender und folgenschwerer als körperliche.

Vertrauen Sie auf Ihre Willensstärke, und glauben Sie an die Heilkraft guter Gedanken. In jedem von uns steckt viel mehr als wir selber ahnen. Die Fähigkeit, über sich selbst hinauszuwachsen, ist in Wahrheit ein Potential, das in jedem von uns schlummert.

Ich möchte es in Ihnen wecken, so daß Sie sich Ihrer innewohnenden Kräfte und deren Wirkungen voll bewußt werden.

Entdecken Sie täglich neue Teile Ihres großen „Lebensmosaiks". Entdecken Sie zum Beispiel die angenehme Wirkung richtigen Atmens, die Empfindung wohlriechender Düfte, die Faszination, die von dem breitgefächerten Farbenspiel der Natur, von harmonischen Klängen, von Bewegungen und von der Berührung geliebter Menschen, Tiere und Gegenstände ausgeht.

Entdecken Sie in all dem Wohlstand, in dem wir heute leben, die Dankbarkeit wieder.

Ich habe in dieser Aufzählung die Ernährung absichtlich nicht angesprochen, da ihr dieses Buch gewidmet ist. Ich verspreche Ihnen bestimmt nicht zuviel, wenn ich sage, daß Gesundheit und Glücklichsein viel mit einer harmonischen Ernährungsweise zu tun haben.

Trennkost – die Ernährung der Zukunft?

Gekochtes Fleisch gehört zu den eiweißreichen Lebensmitteln

Die meisten Gemüsesorten zählen zu den neutralen Lebensmitteln

Getreide und Getreideprodukte sind kohlenhydratreiche Lebensmittel

Erfahrungen mit der Trennkost

Nach meinen Beobachtungen, die ich in den Jahren seit 1981 machen durfte, bin ich zu der Überzeugung gelangt, daß die Trennkost die Ernährungsweise der Zukunft ist. Immer mehr Menschen wagen den Versuch, ihre Ernährung umzustellen, und erleben an ihrer körperlichen und seelischen Verfassung die Vorteile, die naturbelassene, richtig zusammengestellte Nahrung mit sich bringt. Meiner Ansicht nach sind wir bereits auf dem Weg zu einem neuen Bewußtsein.

Das Konzept dieser harmonischen und gesunden Ernährungsweise haben wir dem amerikanischen Arzt Dr. Howard Hay zu verdanken. Er litt in den dreißiger Jahren an einer schweren Nierenerkrankung, und kein Arzt konnte ihm helfen. Lange Zeit erforschte er selbst seine Krankheit. Er untersuchte die chemische Zusammensetzung des menschlichen Körpers und stellte fest, daß er zu 80 Prozent aus basischen und zu 20 Prozent aus sauren Elementen besteht. Dementsprechend stellte er seine tägliche Nahrung zusammen, aß vorwiegend basenbildende und weniger säurebildende Lebensmittel und trennte solche mit hohem Kohlenhydratgehalt von den eiweißreichen. Das Unglaubliche geschah: Durch die Trennung und die richtige Zusammensetzung der Kost gelang es ihm, sich selbst von seinem schweren Leiden zu heilen.

Seit Jahren biete ich Kurse für Übergewichtige an und kann aus eigenen Erfahrungen mit Gruppenmitgliedern den gesundheitlichen Wert dieser Ernährungsweise bestätigen. Nicht nur Nierenkranke erfuhren durch die veränderte Eßweise Besserung, sondern auch Menschen mit anderen Stoffwechselerkrankungen, mit rheumatischen Beschwerden, Migräne, Kreislauferkrankungen, Wechseljahrsbeschwerden, innerer Unruhe und Ekzemen. Übergewichtige nahmen erfolgreich ab, erhöhte Cholesterinwerte sanken, und viele Patienten konnten sogar auf die Einnahme von Medikamenten verzichten. Diesen Schritt kann man natürlich stets nur gemeinsam mit dem behandelnden Arzt tun. Besonders Diabetiker müssen in ständiger ärztlicher Betreuung bleiben, da sie aufgrund der veränderten Ernährung neu eingestellt werden müssen.

Ärzte und Heilpraktiker empfahlen ihren übergewichtigen Patienten, an meinen Kursen teilzunehmen, nachdem sie sich von den positiven Auswirkungen der Trennkost überzeugt hatten. Auch die Krankenkassen wurden aufmerksam, und sie unterstützen noch heute mit teilweiser Kostenrückerstattung die Trennkostkurse, die inzwischen in ganz Deutschland angeboten werden. Die Trennkost ist bis heute noch nicht wissenschaftlich bewiesen, doch sind die Erfolge so verblüffend, daß viele Kliniken, Ärzte und Heilpraktiker diese Ernährungsweise empfehlen. Auch Schönheitsfarmen im In- und Ausland bieten die Trennkost im Rahmen ihrer Kuren.

Was ist das Entscheidende an der Trennkost?

Hauptmerkmal ist, wie der Name schon sagt, die Trennung: es werden die überwiegend eiweißhaltigen und die überwiegend kohlenhydrathaltigen Nahrungsmittel voneinander getrennt verzehrt. Eine vollständige Trennung ist natürlich nicht möglich, sondern nur die der Extreme. Der Sinn und Zweck davon ist, eine gewisse Ordnung in unsere Verdauung zu bringen. Die Speisen werden harmonisch aufeinander abgestimmt, damit die Verdauungsorgane bei der täglichen Nahrungszerlegung nicht übermäßig strapaziert werden. Viele kennen es sicher aus eigener Erfahrung, daß es dem Körper nicht unbedingt guttut, wenn man alles durcheinander ißt.

Kleinkinder verspüren diese Disharmonie im Bauchbereich besonders stark, da sie noch sehr viel feinfühliger sind als wir Erwachsenen. Betrachten wir doch einmal die Verdauungsvorgänge in unserem Körper etwas genauer. Mit Hilfe der Verdauungssäfte und -enzyme, die einige unserer Organe produzieren, wird das, was wir essen, in seine kleinsten Bausteine zerlegt, die dann zum Beispiel vom Darm zur Leber transportiert werden können. Der Körper setzt diese Bausteine entweder nach eigenem Muster wieder zusammen oder baut sie zum Zweck der Energiegewinnung ab. Ohne die Hilfe der Verdauungssäfte und -enzyme ist eine ordnungsgemäße Zerlegung, sprich Verdauung, nicht möglich.

Verfolgt man in groben Zügen den Weg der Nahrung durch unseren Körper, so wird einem bewußt, welche Fehler dazu führen können, daß die körperliche Harmonie gestört wird.

Die erste Station ist der Mund. Hier beginnt bereits die Vorverdauung der Stärke, einem komplexen Koh-

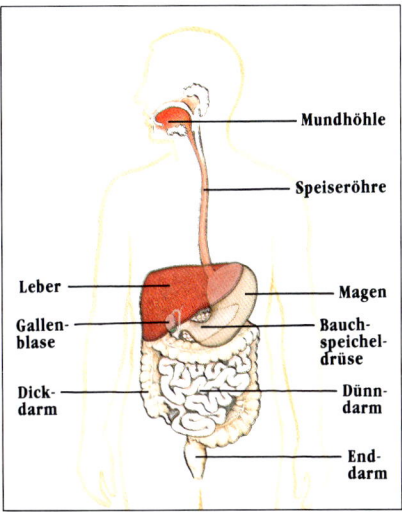

Der Verdauungsapparat des Menschen

lenhydrat. Kaut man zum Beispiel über längere Zeit hinweg ein Stück Brot, das sehr viel Stärke enthält, so nimmt man deutlich einen zunehmend süßlichen Geschmack wahr. Durch die Einwirkung der Amylase nämlich, einem Enzym des Speichels, das im basischen Milieu aktiv ist, wird die vorher nicht süßschmeckende Stärke in kleinere Teile zerlegt. Diese Teilchen nennt man auch Dextrine, sie schmecken süß.

Stärke kommt reichlich in Getreide, damit in Brot sowie in Kartoffeln, Nudeln und Reis vor. Um die Vorverdauung durch die Amylase zu gewährleisten, ist gründliches Kauen von größter Wichtigkeit.

Die zweite Station der Verdauung ist der Magen. Erst hier wird Eiweiß vorverdaut, das in größeren Mengen in tierischen Lebensmitteln, also zum Beispiel in Fleisch, Fisch, Käse und Eiern vorkommt. Mit Hilfe der Salzsäure und des Verdauungsenzyms Pepsin wird Eiweiß in kleinere Bausteine, die sogenannten Peptide, zerlegt.

Nach Dr. Hays Ansicht werden die Verdauungsvorgänge gestört, wenn man gleichzeitig Kohlenhydrate und Eiweiß in konzentrierter Form zu sich nimmt, weil dadurch die Wirksamkeit der Verdauungs-

enzyme eingeschränkt wird. Er begründet es damit, daß die Aufnahme von Eiweiß die Produktion von Salzsäure und Pepsin im Magen in Gang setzt und dies dann die Wirkung der im basischen Milieu aktiven Amylase aus dem Speichel hemmt. Essen wir nur Kohlenhydrate, dann werden nach Dr. Hay nur wenig saure Säfte im Magen abgesondert, und die Wirkung der Amylase bleibt weitgehend erhalten, so daß die Kohlenhydrate besser verdaut werden können.

Die Folgen falsch kombinierter Speisen sind dann Sodbrennen, Völlegefühl, Blähungen und Verdauungsstörungen.

Die nächste und dritte Station der Nahrung ist der obere Teil des Dünndarms, der Zwölffingerdarm. Hier tritt die Bauchspeicheldrüse (Pankreas) in Aktion, deren Enzyme gemeinsam mit der aus der Leber stammenden Gallenflüssigkeit mehrere Funktionen zu erfüllen haben.

Die Bauchspeicheldrüse besteht aus zwei Teilen. In einem werden die Hormone Insulin und Glukagon produziert, die bei Bedarf ins Blut abgegeben werden und dort den Blutzuckerspiegel regulieren.

Im anderen Teil der Bauchspeicheldrüse werden eiweißspaltende, kohlenhydratspaltende und fettspaltende Verdauungsenzyme gebildet, die dann in den Dünndarm abgegeben werden.

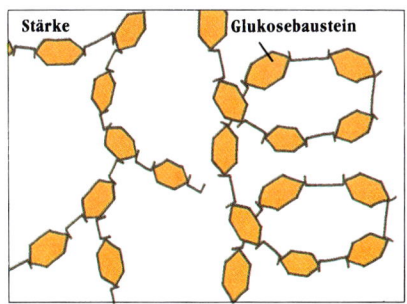

Stärke besteht, ähnlich wie andere Nährstoffe auch, aus miteinander verknüpften Bausteinen, die von Enzymen abgespalten werden können

Damit die komplizierten und vielfältigen Verdauungsvorgänge reibungslos verlaufen, sollte man die Bauchspeicheldrüse keinesfalls überfordern. Durch ein Überangebot beispielsweise besteht die Gefahr, daß die beste Nahrung für unseren Kör-

Zitrusfrüchte zählen zu den Eiweißen

Butter und Sahne sind in der Trennkost neutral

Kartoffeln sind, wie Getreide, kohlenhydratreich

per zur Belastung wird. Eine verzögerte und unvollständige Verdauung kann in den anschließenden Darmabschnitten zu Gärungsprozessen führen. Die unverdauten Nahrungsbestandteile können von der Darmflora verwertet werden, und übrig bleiben Gase, die dann zu Blähungen führen.

Die Oberfläche der Dünndarmschleimhaut ist von vielen Millionen kleiner Zotten übersät, die die aus der Verdauung hervorgegangenen kleinsten Bausteine der Lebensmittel sowie Vitamine und Mineralstoffe aufnehmen und ins Blut und in den Lymphstrom abgeben. Von dort gelangen diese zur Leber.

Die Leber ist mit einer chemischen Fabrik vergleichbar. Sie verwertet alle ankommenden Stoffe, auch die, die der Körper nicht benötigt, wie zum Beispiel Alkohol. Sie kann unglücklicherweise keinen Auftrag zurückschicken. Ungünstig zusammengestellte Nahrung belastet demnach nicht nur das Verdauungssystem, sondern unter anderen auch so wichtige Organe wie die Leber.

Das Trennungsprinzip nach Dr. Hay

Trennkost bedeutet, Speisen harmonisch aufeinander abzustimmen und dadurch Ordnung in unser Verdauungssystem zu bringen. Das Trennen selbst ist keineswegs schwierig. Der Trennungsplan auf den Seiten 14 und 15 gibt Ihnen einen Überblick darüber, was zu den Eiweißen (im folgenden immer blau markiert) und was zu den Kohlenhydraten (im folgenden immer rot markiert) gehört.

In der dritten Spalte des Plans ist all das aufgezählt, was als neutral anzusehen ist (im folgenden immer grau markiert).

Die neutralen Lebensmittel und Speisen dürfen grundsätzlich sowohl mit den Eiweißen als auch mit

den Kohlenhydraten gemischt werden. Mit einigen sollten Sie aber etwas vorsichtig umgehen und sie nicht zu häufig essen. Zu ihnen zählen Butter, Fleisch, Wurst und Schinken, aber auch ganz allgemein alles Geräucherte und Gepökelte. Solche Nahrungsmittel werden Sie zwar auch in dem Trennungsplan finden, verstehen Sie das aber keinesfalls als Aufforderung zum reichlichen Verzehr. Ich wollte Ihnen damit zeigen, in welche Sparte verschiedene Nahrungsmittel und Speisen gehören. Schließlich sollte jeder die Freiheit haben, selbst entscheiden zu können, was er essen oder meiden möchte.

Neutral im Sinne der Trennkost heißt, daß diese Lebensmittel und Speisen weder die Eiweißverdauung noch die Kohlenhydratverdauung stören. Sie harmonieren mit allen Lebensmitteln. Möglicherweise empfinden Sie diese Zuordnung in Teilen als widersprüchlich, sie beruht aber auf langjährigen Erfahrungen.

Rohes Fleisch und roher Fisch sind ebenfalls eiweißreiche Lebensmittel, die aber deshalb in der Trennkost als neutral gelten, weil ihre Zellstruktur noch unverändert ist. Sie wird durch Erhitzen beeinflußt, und das dann auch veränderte Eiweiß ist nach Ansicht von Dr. Hay schwerer verdaulich.

Auch für rohes Fleisch und rohen Fisch gilt der Hinweis, sie in Maßen zu essen, denn sie zählen, wie alle Lebensmittel tierischen Ursprungs, nicht zu den empfehlenswerten. Alle Fette, zum Beispiel kaltgepreßte, naturbelassene Öle, Butter und solche, die in Sahne, vollfettem Käse, geräuchertem Fisch und in rohen Wurstwaren enthalten sind, gehören nach dem Verständnis der Trennkostlehre zu den neutralen Lebensmitteln. Fett wird nicht im Magen, sondern erst im oberen Teil des Dünndarms verdaut und ruft deshalb keine Störungen hervor.

Harmonische und vollwertige Kost

Was verbirgt sich hinter dem Begriff „vollwertig"?

Schon seit längerer Zeit ist bekannt, daß zum Beispiel stark bearbeitete und raffinierte Lebensmittel, wie zum Beispiel weißes Mehl, Haushaltszucker und polierter Reis, wertvolle Inhaltsstoffe nur noch in Spuren enthalten. Natürlicherweise enthaltene Vitamine, Mineralien- und Ballaststoffe fallen dem Verarbeitungsprozeß weitgehend zum Opfer. Es wird deshalb empfohlen, sich vollwertig zu ernähren, was bedeutet, daß man Lebensmittel bevorzugt, die naturbelassen sind, und sie unerhitzt als Rohkost oder schonend gegart zu sich nimmt. Der größte Teil der Nahrung sollte aus pflanzlichen Lebensmitteln bestehen, zu ihnen zählen Salate, Gemüse, Kartoffeln, Obst, Vollkorngetreide und daraus hergestellte Produkte, Naturreis und hochwertige, kaltgepreßte Öle. Mit einer Kost, die diese Lebensmittel in den Vordergrund stellt, die Milchprodukte enthält, Fleisch und Fleischwaren aber zur Beilage werden läßt, versorgen wir unseren Organismus ausreichend mit lebenswichtigen Mineralstoffen, Vitaminen, Enzymen und Ballaststoffen. Sie liefert dem Körper alles, was er zum Leben braucht und selbst nicht herstellen kann. Ich möchte an dieser Stelle eine Einschränkung machen. Aus meinen langjährigen Erfahrungen, die ich in Gesprächen mit vielen Menschen sammelte, weiß ich heute, daß es sehr viele Menschen gibt, die eine reine Vollwertkost nicht gut vertragen.

So dürfen zum Beispiel Menschen mit einem geschädigten Darm ihre Ernährung nur ganz langsam umstellen. Besonders der höhere Ballaststoffanteil der vollwertigen Kost kann Probleme bereiten und zu Blähungen führen. Wer einen empfindlichen Magen hat, sollte zunächst ausprobieren, welche Gemüsesorten er auch roh essen kann. Auch Speisen mit Frischkorn sind dann mit Vorsicht zu genießen. Beschränken Sie den Frischkostanteil am An-

fang eventuell auf Salate und essen Gemüse schonend gedünstet. Auch Menschen, die unter einem Enzymmangel leiden, sollten mit Vollkornkost vorsichtig beginnen, jeden Bissen sehr sorgfältig kauen und Neues nur in kleinen Mengen essen. Das Trennungsprinzip hat sich in meinen Gruppen speziell in diesen Fällen bestens bewährt. Durch die harmonisch zusammengestellte Nahrung werden die empfindlichen Verdauungsorgane entlastet.

Der erste Schritt zur Vollwertkost

Wenn Sie auf dem Gebiet der Vollwerternährung noch Neuling sind, empfehle ich Ihnen, diese für Sie neuartige Form des Essens in kleinen Schritten anzugehen.
Wählen Sie zu Beginn eine leichtverdauliche Getreideart, zum Beispiel Dinkel. Haben Sie schon einmal mit Dinkelmehl gebacken oder gekocht? Es lohnt sich wirklich. Ich arbeite gerne mit diesem dem Weizen ähnlichen Getreide und habe die schönsten Rezepte für Pikantes und Süßes in dieses Buch aufgenommen. Der feine, nußartige Geschmack des Dinkels findet allgemein großen Anklang. Wenn Sie keine Getreidemühle besitzen, lassen Sie sich die Dinkelkörner im Reformhaus oder im Naturkostladen fein mahlen. Sie sollten frisch gemahlenes Mehl rasch verarbeiten, so bleiben das Aroma sowie auch Vitamine erhalten.
Wählen Sie für Ihren ersten Backversuch mit Vollkornmehl ein ganz leichtes Teegebäck, das zusätzlich gemahlene Mandeln oder Haselnüsse enthält.
Teige aus Vollkornmehl sollten immer etwas länger gerührt oder geknetet werden. Auch ist es ratsam, etwa die doppelte Menge Triebmittel (Hefe oder Backpulver) zu verwenden als für Teige aus Weißmehl, denn Vollkornteige sind von Natur aus schwerer.
Auch beim Kochen ist Dinkel sehr vielseitig verwendbar. Weichen Sie zum ersten Ausprobieren 100 g Dinkelkörner über Nacht in Wasser ein. Lassen Sie die Körner am nächsten Tag bei geringer Hitzezufuhr in wenig Wasser etwa 25 Minuten köcheln, nehmen den Topf anschließend vom Herd und lassen das Getreide für etwa $\frac{1}{2}$ Stunde quellen. Diesen gekochten Dinkel können Sie als Einlage zum Beispiel für eine pikant gewürzte Gemüsesuppe verwenden oder auch als süße Zwischenmahlzeit mit Sahnedickmilch und Honig verrührt genießen. Nach Belieben können Sie noch eine kleine Banane hineinschneiden.
Sie werden feststellen, daß vollwertige Speisen gut und anhaltend sättigen und geschmacklich mehr bieten als Fertiggerichte und Konserven. Gesund Essen bedeutet nicht, auf Gutes zu verzichten, sondern es durch Besseres zu ersetzen.

Dinkel

Ist Fleisch wirklich ein Stück Lebenskraft?

Ein weiteres wichtiges Thema ist der Verzehr von Fleisch, Wurst und anderen Fleischwaren, der in der Regel übermäßig hoch ist.
Fleisch, in großen Mengen genossen, ist ungesund. Neuere Untersuchungen geben Anlaß zu der Vermutung, daß eine damit verbundene zu hohe Eiweißzufuhr zu krankmachenden Ablagerungen führen kann. Fleisch und besonders Wurstwaren enthalten darüber hinaus oft viel Fett und damit Kalorien, und Cholesterin, was vielen Menschen zu schaffen macht. Diejenigen, die eine erbliche Disposition für die Entstehung von Gicht haben, können den Ausbruch dieser Krankheit durch einen hohen Fleischkonsum provozieren. Auch bei einigen rheumatischen Erkrankungen wird ein zu hoher Fleischkonsum als eine der Entstehungsursachen diskutiert.

Besonders Schweinefleisch und die daraus hergestellte Wurst spielen in unserer heutigen Ernährung eine große Rolle. Schweinefleisch erfreut sich besonderer Beliebtheit, da es bei der Zubereitung wenig Mühe bereitet und zudem den Geldbeutel nicht übermäßig strapaziert. Trotzdem gibt es sehr viele Fakten, die gegen das Schweinefleisch sprechen. Hier möchte ich Sie gerne auf das Buch von Dr. Reckeweg „Schweinefleisch und deine Gesundheit" aufmerksam machen. Bilden Sie sich nach der Lektüre Ihr eigenes Urteil.

Was versteht man unter Übersäuerung?

Dr. Howard Hay machte es sich damals bei seinen Überlegungen nicht leicht. Die Trennung und die Vollwertigkeit der Nahrung allein reichten ihm nicht aus, um ein neues Ernährungskonzept zu postulieren. Er berücksichtigte deshalb auch die Erkenntnisse über den Säure-Basen-Haushalt des menschlichen Organismus.
Mit dem Begriff der Übersäuerung werden wir heute meist in einem anderen Zusammenhang konfrontiert. Begriffe wie saurer Regen und übersäuerter Boden haben wir alle schon einmal gehört. Daß die Übersäuerung zum Beispiel den Wäldern und Meeren schadet, ist mittlerweile auch dem letzten Zweifler bewußt geworden. Unsere Umwelt leidet unter dem Zuviel an Säuren, mit der sie täglich belastet wird.
Auch der menschliche Organismus ist mit Säuren konfrontiert, die jedoch nicht von außen auf ihn einwirken, sondern die in seinem Stoffwechsel entstehen, das heißt, die beim Um- und Abbau der Nahrungsbestandteile anfallen. Es handelt sich dabei zum Beispiel um Harnsäure, Kohlensäure und Milchsäure, um nur einige zu nennen.

Gleichzeitig gehen aus den verschiedenen Stoffwechselprozessen auch basische Elemente hervor. Da der Körper nur dann überleben kann, wenn im Blut und in den Geweben zwischen Säuren und Basen ein Gleichgewicht herrscht, besitzt er verschiedene wirksame Puffersysteme, die immer wieder für den Ausgleich sorgen. Zahlreiche Vertreter alternativer Ernährungsformen nehmen nun aber an, daß die Kapazitäten des Körpers bei entsprechender Veranlagung, Schwächung oder belastender Lebensweise überfordert sein können und dann eine Übersäuerung eintritt, die gesundheitliche Folgen haben kann. Unter belastender Lebensweise versteht man auch eine ungünstige Ernährung, und zwar eine, in der säurebildende Lebensmittel eine größere Rolle spielen als basenbildende. Nach Dr. Hay zählen eiweißreiche Lebensmittel, wie Fleisch, Wurst, Fisch, Eier und Käse, aber auch unter Umständen Getreide, zu den Säurebildnern. Gemüse, Salate, Keimlinge und Obst dagegen wirken im Körper eher basenbildend. Sie sollte man bevorzugt essen, was praktisch bedeutet, daß Gerichte zu einem Großteil aus pflanzlichen Lebensmitteln bestehen sollten und Fleisch und Fisch die Beilage sind. Aber nicht nur die Ernährung spielt bei der Entstehung von Säuren in unserem Körper eine große Rolle. Dauerhafte seelische Belastungen, hervorgerufen zum Beispiel durch familiären oder beruflichen Streß, durch Lärm, Schock, Angst oder übertriebenen Sport, stören unsere innere Harmonie, und es wird vermutet, daß in solchen Situationen die Entstehung von Säuren innerhalb kurzer Zeit sprunghaft ansteigt. Neben diesen von uns beeinflußbaren Faktoren, die zur Entstehung von Säuren führen, gibt es andere, die man selbst nicht steuern kann. So sind zum Beispiel alle Gewebe des Körpers einem ständigen Auf- und Abbau unterworfen, und beim Abbau von Zellen entstehen neben anderen Stoffen auch Säuren.

Sie sehen, die Angriffe kommen von mehreren Seiten, und vieles kann man selbst tun, um zu verhindern, daß man „sauer" wird.

Ein gesunder Körper ist sicher in der Lage, alle ihn belastenden Substanzen in seiner Leber abzubauen und sie über die Nieren, über Lunge und Haut auszuscheiden. Doch nach Ansicht vieler Forscher kann auch der gesündeste Organismus eine unaufhörliche Flut saurer Rückstände auf Dauer nicht verkraften. Ich möchte Ihnen mit den Rezepten in diesem Buch zeigen, daß es mit viel Genuß verbunden sein kann, gesund zu essen. Gemüse, Salate, Keimlinge und Obst bieten eine große Palette von Zubereitungsmöglichkeiten, in die ab und an Fleisch und Fisch als Beilage einbezogen werden. All die basenbildenden Lebensmittel sind auch diejenigen, die viele Vitamine, Mineral- und Ballaststoffe enthalten und die nach Ansicht von Dr. Hay überschüssige Säuren im Körper zu binden vermögen. Wenn wir unseren Körper mit allem Lebenswichtigen versorgen und ihn nicht unnötig belasten, ist dies die beste Voraussetzung, ihn gesund zu erhalten. Bei einem Mangel dagegen können leicht Müdigkeit und Depressionen die Folgen sein.

Die Trennkost in der Praxis

Beginnen Sie die Trennkost mit einem Entschlackungstag

Bevor Sie Ihre Ernährung auf die Trennkost umstellen, empfehle ich Ihnen, einen Entschlackungstag einzulegen.

Durch die stoffwechselanregende Wirkung der veränderten Kost kann es unter Umständen kurzfristig zu leichten, ziehenden Schmerzen in den Gelenken und in der Muskulatur kommen. Dies sind Reaktionen des Körpers auf die eintretende Entgiftung, die Sie begrüßen und nicht mit Verärgerung aufnehmen sollten. Sie dürfen aber nur von kurzer Dauer sein, halten sie jedoch an, sollten Sie mit Ihrem Arzt darüber sprechen. Am Entschlackungstag können Sie wählen zwischen: einer Gemüse-Salat-Kur, einer Obstkur, einer Kartoffel-Trink-Kur und einer Kartoffel-Gemüse-Suppe. Lesen Sie im folgenden, was man im einzelnen darunter versteht.

Die Kartoffel-Trink-Kur

Diese Form der Entschlackung empfehle ich allen, die einen empfindlichen Magen und Darm haben. Garen Sie 500 g gewaschene Kartoffeln in etwa 2 l Wasser (ohne Salz). Bei neuen Kartoffeln können Sie die feinen Schalen mitessen, ältere Knollen sollten Sie pellen. Die Kartoffeln zusammen mit der Kochflüssigkeit pürieren und dies über den Tag verteilt trinken.

Die Gemüse-Salat-Kur

Essen Sie ausschließlich Gemüse der Saison in roher und/oder leicht gedünsteter Form und/oder Salate. Bereiten Sie alles ohne Fett und Salz zu, nach Belieben können Sie zum Würzen ein wenig vegetarische Gemüsebrühe (Instantpulver) verwenden. Die Mengen an Gemüse oder an Salaten können Sie ganz nach Appetit beliebig wählen.

Die Obstkur

Essen Sie bis 15 Uhr frisches Obst (aber bitte keine Bananen) in beliebiger Menge und ab 17 Uhr dann zwei mittelgroße Bananen oder zwei mittelgroße, gegarte Pellkartoffeln.

Kartoffel-Gemüse-Suppe

Diese Suppe wird aus 3 Kartoffeln, 3 Zwiebeln, 3 Stangen Lauch, 1 Stück Knollensellerie und nach Geschmack aus 3 Möhren zubereitet. Das exakte Gewicht der Zutaten spielt keine Rolle.

Putzen Sie das Gemüse, waschen und zerkleinern es. Geben Sie es anschließend in einen Topf und füllen mit Wasser auf. Fügen Sie frische oder auch getrocknete Kräuter und Gewürze (Kümmel, Knoblauch, Petersilie, Majoran, Liebstöckel), aber kein Salz hinzu und garen das Ganze. Sie können die Suppe, wenn Sie möchten, mit etwas vegetarischer Gemüsebrühe (Instantpulver) abschmecken. Essen Sie sie nach Belieben über den Tag verteilt.

An diesen Entschlackungstagen sollten Sie zusätzlich viel Flüssigkeit in Form von Tees, zum Beispiel Früchtetee, Brennesseltee und andere, oder stillem Mineralwasser (natriumarm) trinken. Bei allen Vorschlägen (außer bei der Obstkur) dürfen Sie eine Kleinigkeit frühstücken. Allen, die mit der Trennkost abnehmen möchten, empfehle ich meine Bücher „Schlank werden nach Dr. Hay – Trennkost" und „Schlank durch Trennkost". Beide Bücher sind wie auch dieses hier, im FALKEN Verlag erschienen.

Trennungsplan

Dieser Trennungsplan gibt Ihnen einen genauen Überblick darüber, welche Lebensmittel in die Eiweißgruppe, welche in die neutrale Gruppe und welche in die Kohlenhydratgruppe gehören.
Innerhalb einer Mahlzeit dürfen zur Eiweiß- und zur Kohlenhydratgruppe gehörende Lebensmittel nicht zusammen gegessen werden, da sonst die Verdauungsvorgänge gestört werden. Folgende Kombinationen sind aber möglich:

- Lebensmittel aus der Eiweißgruppe kombiniert mit solchen aus der neutralen Gruppe
- Lebensmittel aus der Kohlenhydratgruppe kombiniert mit solchen aus der neutralen Gruppe

Eiweißgruppe

- **gegarte Fleischsorten**
Rind, Kalb, Lamm.
Schweinefleisch zählt auch in die Eiweißgruppe. Sein Verzehr wird aber nicht empfohlen
- **gegarte Geflügelsorten**
- **gegarte Wurstsorten**
Gegarte Wurstwaren aus Schweinefleisch sind nicht empfehlenswert und sollten daher durch solche aus Rind- und Geflügelfleisch ersetzt werden
- **ungeräucherte, gegarte Fischsorten**
- **gegarte Schalen- und Krustentiere (Meeresfrüchte),**
z. B. Muscheln, Garnelen, Krebse und Hummer
- **Sojaprodukte,**
z. B. Sojasauce, Tofu (Sojabohnenquark).
- **Eier**
- **Milch**
- **Käsesorten mit höchstens 50 % Fett i.Tr.,**
z. B. Parmesan, Harzer Käse, Edamer, Gouda und Tilsiter
- **gekochte Tomaten**
- **folgende Getränke:**
Früchtetee, Apfelwein, herber Weiß- und Rotwein, herber Rosé, trockener Sekt, Obstsäfte und mit Wasser verdünnte Obstsäfte
- **Beerenfrüchte (außer Heidelbeeren),**
z. B. Erdbeeren und Himbeeren
- **Kernobstsorten (außer mürben, süßen Äpfeln)**
z. B. säuerliche Äpfel, Birnen und Quitten
- **Steinobstsorten,**
z. B. Pfirsiche, Aprikosen und Kirschen
- **Weintrauben**
- **Zitrusfrüchte,**
z. B. Orangen, Zitronen und Grapefruits
- **exotische Obstsorten (außer Bananen, frischen Feigen und Datteln),**
z. B. Mangos, Maracujas und Ananas

Tips:
- Obwohl Obst selbst keine Säuren im Körper bildet (es wirkt basenbildend), wird es zur Eiweißgruppe gezählt. Ein Verzehr von Obst, welches ja viel Fruchtsäure enthält, kann nämlich die Verdauung von kohlenhydratreichen Lebensmitteln behindern. Zählt man Obst zur Eiweißgruppe, dann darf man es nicht zusammen mit Lebensmitteln aus der Kohlenhydratgruppe essen, und die Verdauung kann problemlos ablaufen.
- Verwenden Sie zum Panieren von Lebensmitteln aus der Eiweißgruppe Sesamsamen, gemahlene Mandeln oder gemahlene Nüsse
- Frikadellen werden in der Trennkost statt mit Brötchen mit Quark oder fein geriebenen Möhren gelockert.

Neutrale Gruppe

Die in dieser Gruppe aufgelisteten Lebensmittel dürfen innerhalb einer Mahlzeit sowohl mit Lebensmitteln aus der Eiweiß-, als auch mit solchen aus der Kohlenhydratgruppe gemischt werden.

- **Fette (außer gehärteten und weißen, festen Fetten),**
z. B. Öle (hier bitte die kaltgepreßten bevorzugen), ungehärtete Margarinesorten mit einem hohen Anteil an mehrfach ungesättigten Fettsäuren (aus dem Reformhaus) und Butter; außerdem: schmalzähnlicher, pflanzlicher Brotaufstrich (im Reformhaus oder im Naturkostladen unter der Markenbezeichnung „Holstener Liesl" zu finden)
- **gesäuerte Milchprodukte,**
z. B. Joghurt, saure Sahne, Quark, Buttermilch, Dickmilch und Kefir; außerdem: vergorenes Molkekonzentrat (Molkosan, siehe Seite 22)
- **süße Sahne und Kaffeesahne**
- **Käsesorten mit mindestens 60 % Fett i.Tr.,**
z. B. Doppelrahmfrischkäse, Butterkäse
- **Weißkäsesorten,**
z. B. Schafs- und Ziegenkäse, Mozzarella, körniger Frischkäse
- **rohe oder geräucherte Wurstwaren,**
z. B. Bündner Fleisch, roher Schinken, Salami und Debrecziner. Hier sollten Sie auf Sorten aus Schweinefleisch verzichten und auf solche aus Rind- oder Putenfleisch ausweichen.
- **rohes Fleisch,**
z. B. Tatar (rohes Fleisch sollte aber gemieden werden)
- **rohe, marinierte oder geräucherte Fischsorten,**
z. B. Schillerlocken, geräucherter Bückling, geräucherte Makrele oder Forelle und Bismarckhering
- **folgende Gemüsesorten:**
Auberginen, Artischocken, Avocados, Brokkoli, Blumenkohl, grüne Bohnen, Chicorée, Chinakohl, grüne Erbsen, Fenchel, Gurken, Knoblauch, Kohlrabi, Lauch,

frischer Mais, Mangold, Möhren, Paprika, Peperoni, Radieschen, Rettich, rote Beten, Rosenkohl, Rotkohl, Sauerkraut, Sellerie, Spargel, Spinat, rohe Tomaten, Weißkohl, Wirsing, Zwiebeln, Zucchini

- **Blattsalate**
- **Pilze**
- **Sprossen und Keime**
- **Kräuter, Gewürze und Zitrusschalen**
- **Nüsse (außer Erdnüssen) und Samen)**
- **Heidelbeeren**
- **ungeschwefelte Rosinen**
- **Oliven**
- **Eigelb**
- **Hefe**
- **Gemüsebrühe**
- **klare, hochprozentige Spirituosen**
- **Kräutertees**
- **Geliermittel,**

z. B. Gelatine (tierisches Produkt), Agar-Agar (eine pulverisierte Meeresalge – das Pulver wird in kalter Flüssigkeit aufgelöst, dann erhitzt man das Ganze auf 60 bis 80 °C und läßt es erkalten), pflanzliche Bindemittel aus Johannisbrotkernmehl (gibt es in Reformhäusern)

Kohlenhydratgruppe

- **Vollkorngetreide,**

z. B. Weizen, Roggen, Dinkel, Hafer, Gerste, Hirse, Grünkern, getrockneter Mais und Naturreis
- **Buchweizen**
- **Vollkorngetreideerzeugnisse,**

z. B. Vollkornbrot und -brötchen, Kuchen aus Vollkornmehl, Vollkornnudeln und Vollkorngrieß
- **Kartoffeln**

- **folgende Gemüsesorten:**
Topinambur, Grünkohl und Schwarzwurzeln
- **folgende Obstsorten:**
Bananen, mürbe, süße Äpfel, frische Feigen und frische Datteln
- **ungeschwefeltes Trockenobst (außer Rosinen)**
- **folgende Süßungsmittel:**
Frutilose (siehe Seite 22), Honig, Ahornsirup, Birnen- und Apfeldicksaft
- **Kartoffelstärke**
- **Weinsteinbackpulver**
- **Puddingpulver (ohne Farbstoff)**
- **Carobe**

(gemahlene Frucht des Johannisbrotbaums – das Pulver wird wie Kakao verwendet und ist im Naturkostladen erhältlich)
- **Bier**

Diese Lebensmittel bitte meiden:

- weißes Mehl und daraus hergestellte Produkte, z. B. süße und pikante Backwaren sowie Nudeln und polierten Reis
- Zucker, Süßstoffe und daraus hergestellte Produkte, z. B. Süßwaren, Marmeladen und Gelees
- Fertiggerichte und Konserven
- getrocknete Hülsenfrüchte, z. B. Bohnen, Erbsen und Linsen
- Erdnüsse
- Preiselbeeren
- Schweinefleisch und rohes Fleisch
- Wurstwaren
- rohes Eiweiß von Eiern
- fertige Mayonnaise
- Essig
- gehärtete Fette, z. B. normale Margarinesorten und feste, weiße Fritier- und Bratfette (Plattenfette)
- schwarzer Tee, Bohnenkaffee, Kakao und hochprozentige Spirituosen

Gegarte Muscheln und Krustentiere sind eiweißreich

Ungeschwefeltes Trockenobst ist kohlenhydratreich

Mengenplan

Die Gewichtsangaben und die Uhrzeiten auf dem Mengenplan sind nur ungefähre Richtlinien und sollten von Ihnen selbst ausprobiert werden.

Hungern und Fasten sind oftmals sinnlos, niemand soll hungrig vom Tisch aufstehen, denn dadurch wird Naschen vorprogrammiert.

Aber immer daran denken: Zum Gesundbleiben benötigt jeder Körper ausreichend Gemüse, Salate und Obst, die man zu einem Teil als Rohkost essen sollte.

Ein Glas (etwa 200 ml) natriumarmes Mineralwasser ohne Kohlensäure

Essen Sie zur Abwechslung morgens ein Müsli

Frühstück:

Man hat die Wahl zwischen einer Kohlenhydrat-, einer Eiweiß- und einer Obstmahlzeit

Kohlenhydratmahlzeit:

    1 Scheibe Vollkornbrot (50 g)
oder 1 Vollkornbrötchen
oder 3 Scheiben Vollkornknäckebrot
    dünn mit Butter oder Margarine bestreichen,
dazu:
    30 g Wurst (ca. 1 Scheibe)
oder 30 g Käse (ca. 1 Scheibe)
oder 50 g Quark (ca. 2 EL)
oder 2 TL Honig

oder ein Müsli

Eiweißmahlzeit:

2 Eier (als Spiegeleier, Rühreier, gekocht oder im Glas)
(Mehr als 4 Eier pro Woche sind nicht empfehlenswert.)
Dazu Tomaten, Gurken, Paprika, Radieschen oder ein anderes neutrales Gemüse, aber <u>kein</u> Brot

Obstfrühstück:

Obst der Saison (außer Bananen) in beliebiger Menge

Wer auf seinen Kaffee oder schwarzen Tee nicht verzichten möchte, sollte ihn mit etwas Sahne oder auch mit Honig mischen.
<u>Wichtig:</u> Jeden Bissen sorgfältig kauen und gut einspeicheln. Kaffee oder Tee ist kein Speichelersatz.

Ein großes Glas Tee oder stilles Mineralwasser

Ein großes Glas Tee oder stilles Mineralwasser

Zwischenmahlzeiten:

    200 g Obst der Saison (aber keine Banane)
oder 250 ml frische Milch oder angesäuerte Milchprodukte
oder 100 g Obst und dazu 125 ml Milch oder angesäuerte Milchprodukte

Ein großes Glas Tee oder stilles Mineralwasser

Selbstgebackene Plätzchen eignen sich als kleine Zwischenmahlzeit am Nachmittag

Mittagessen:

Zum Mittagessen haben Sie die Wahl zwischen einer Eiweiß- und einer Kohlenhydratmahlzeit

Eiweißmahlzeit:

    100–150 g Fleisch
oder 150–200 g Fisch
oder 2 Eier
oder 60 g Käse
oder 80 g gegarte Wurstsorten
Dazu 400 g Gemüse und Salat

Kohlenhydratmahlzeit:

50 g Getreide
oder 50 g Naturreis (roh gewogen)
oder 50 g Vollkornnudeln (roh gewogen)
oder 200 g Kartoffeln
Dazu 400 g Gemüse und Salat
Hierzu können noch 30–50 g neutrale Lebensmittel oder Speisen gegessen werden (siehe Trennungsplan Seite 14 oder Rezeptteil)

Während einer Hauptmahlzeit sollte man nichts trinken. Falls Sie nicht darauf verzichten wollen, trinken Sie die Flüssigkeit nur schluckweise.

Ein großes Glas Tee oder stilles Mineralwasser

Ein großes Glas Tee oder stilles Mineralwasser

Ein großes Glas Tee oder stilles Mineralwasser

Zwischenmahlzeiten:

1 Banane
oder 1 Müsliriegel ohne Zucker
oder 1 Stück Kuchen
oder 2–3 Plätzchen
oder 1 Scheibe Knäckebrot mit Honig
oder 2 EL Quark mit 1 TL Honig
oder 1 EL Vollkornhaferflocken und 1 Joghurt
oder 200 g angesäuerte Milchprodukte
(Keine Frischmilch mehr, da sie nachmittags schwerer verdaulich ist.)

Ein großes Glas Tee oder stilles Mineralwasser

Abendessen:

Am Abend hat man die Auswahl bei den Kohlenhydraten
50 g Getreide
oder 100 g Vollkornbrot
oder 50 g Naturreis (roh gewogen)
oder 50 g Vollkornnudeln (roh gewogen)

Essen Sie abends kohlenhydratreich, zum Beispiel einen Zucchini-Pilzkuchen (Rezept Seite 99)

oder 200 g Kartoffeln
dazu 400 g Gemüse und Salat und 30–50 g neutrale Speisen und in kleinen Mengen Butter, Margarine, Öl oder Sahne.

Ein Tag mit der Trennkost

Vorschläge für das Frühstück

Obst der Saison (außer Bananen) in beliebiger Menge
oder
ein Haferflockenmüsli mit Backpflaumen (siehe Seite 30)
oder
1 Scheibe Vollkornbrot, das mit Butter bestrichen und mit Käse oder Wurst (ohne Zusatz von Schweinefleisch) belegt wird. Statt dessen können Sie auch 1 gehäuften Eßlöffel Speisequark oder Honig daraufstreichen.

Vorschläge für die 1. Zwischenmahlzeit

1 Stück Obst der Saison
(außer Banane)
oder
eine neutrale Zwischenmahlzeit, zum Beispiel Joghurt oder 1 Stück Gemüse (siehe Trennungsplan Seite 14 und 15)
oder
eine eiweißreiche Zwischenmahlzeit (siehe Seite 44 bis 47)

Vorschläge für das Mittagessen

Ein eiweißreiches Gericht (siehe Kapitel „Eiweißreiche Hauptgerichte" auf den Seiten 112 bis 139), zum Beispiel:
Mangoldrouladen mit Stielgemüse (Seite 117)
oder
Hähnchen-Gemüse-Gulasch (Seite 123)
oder
Salat mit Hähnchenfleisch und Linsensprossen (Seite 124)
oder
Curryfisch (Seite 139)

oder
ein kohlenhydratreiches Gericht (siehe Kapitel „Kohlenhydratreiche Hauptgerichte" Seite 70 bis 111), zum Beispiel:
Bratkartoffeln mit Rosenkohl (Seite 78)
oder
Rheinischer Heringssalat (Seite 81)
oder
Spaghetti mit Knoblauch-Sahne-Sauce (Seite 84)
oder
Gemüse-Pilz-Pfanne (Seite 90)

Vorschläge für die 2. Zwischenmahlzeit

1 Banane
oder
1 süßer (mürber) Apfel
oder
eine neutrale Zwischenmahlzeit, zum Beispiel Quark oder Joghurt mit Heidelbeeren oder ein Stück Gemüse (siehe Trennungsplan)

oder
eine kohlenhydratreiche Zwischenmahlzeit, zum Beispiel ein Stück Kuchen oder einige Plätzchen (siehe Seite 32 bis 43)

Vorschläge für das Abendessen

Am Abend sollte man die leichter verdaulichen Kohlenhydrate bevorzugen. Essen Sie zum Beispiel:
Apfel-Dickmilch-Reis (Seite 89)
oder
Bunte Gemüsesuppe (Seite 83)
oder
Pifferlingshirsotto (Seite 90)
oder
Spinatpizza (Seite 98)
oder
Kartoffel-Blumenkohl-Eintopf (Seite 104)
oder
Mandelpfannkuchen (Seite 111)
Kartoffelbrei mit Sauerkraut und Röstzwiebeln (Seite 78)

Fisch mit Zuckerschoten und Curryfisch (Rezepte S. 138) sind schnell zubereitet

Beispiel 1 Teil = 100 g) und aus 3 bis 4 Teilen Gemüse und Salat (entsprechend dem Beispiel 300–400 g) bestehen. Auch hier kann man Gemüse gegart oder als Rohkost essen. Säurereiches Obst, wie Beeren, Stein- und Kernobst sowie Zitrusfrüchte, sollte aus Gründen der Verträglichkeit niemals zusammen mit den zu den Kohlenhydraten zählenden Nahrungsmitteln gegessen werden (sehen Sie dazu auch den Trennungsplan Seite 14). Diese Früchte zählen zwar zu den Eiweißen, doch hat es sich bewährt, sie nur in geringen Mengen mit anderen eiweißreichen Nahrungsmitteln zu kombinieren. Sehr gut ist es, sie speziell nur zum Frühstück, als Zwischenmahlzeit oder auch als komplettes Mittagessen zu genießen.

Es empfiehlt sich, nach 15 Uhr außer Bananen, Heidelbeeren und Trockenobst keine Früchte mehr zu sich zu nehmen, da es im Darm ansonsten leicht zu Gärungsprozessen kommen kann.

Für all diejenigen, die unter Zeitmangel leiden, ist es ratsam, die Hauptzutat gleich für zwei Mahlzeiten auf einmal zuzubereiten. Zum Beispiel Blumenkohl: Gart man die doppelte Menge, so läßt sich aus einer Hälfte eine Kohlenhydratmahlzeit zubereiten, zum Beispiel „Blumenkohl mit Kräuterbutter und Kartoffeln", und am nächsten Tag aus dem Rest eine Eiweißmahlzeit, zum Beispiel „Blumenkohlsalat mit Putenschnitzel".

Im Rezeptteil finden Sie eine Reihe von Gerichten, die Sie sehr schnell zubereiten können. Zum Beispiel:

Mahlzeiten richtig zusammenstellen

Wie Dr. Howard Hay herausfand, besteht unser Körper zu 20 Prozent aus sauren und zu 80 Prozent aus basischen Elementen. Er folgerte daraus, daß es am günstigsten sei, auch die täglichen Mahlzeiten entsprechend zusammenzustellen. Sie sollten also zu 20 Prozent aus säurebildenden und zu 80 Prozent aus basenbildenden Nahrungsmitteln bestehen. Das bedeutet für die Praxis, daß eine Eiweißmahlzeit aus 1 Teil Fleisch oder Fisch oder Eiern oder Käse (zum Beispiel 1 Teil = 100 g) und aus 3 bis 4 Teilen Gemüse und Salat (entsprechend dem Beispiel 300–400 g) bestehen sollte. Das Gemüse kann gegart oder als Rohkost verzehrt werden. Entsprechend sollte eine Kohlenhydratmahlzeit aus 1 Teil Kartoffeln oder Naturreis oder einem anderen Getreide oder Vollkornnudeln (zum

Der Apfel spielt in der Trennkost eine besondere Rolle. Frisch geerntet enthält er größere Mengen an Fruchtsäuren und zählt dadurch zu den Eiweißen. Ein gelagerter, mürber, süßer Apfel darf hingegen innerhalb einer Mahlzeit auch mit Getreide, Vollkornnudeln, Naturreis oder Kartoffeln, also mit kohlenhydratreichen Lebensmitteln, gemischt werden. Mit mürben Äpfeln kann man einen Apfelkuchen bakken, kann aus ihnen Apfelbrei zubereiten und ihn mit Reis oder Nudeln essen oder kann ein Müsli mit geriebenen Äpfeln anreichern.

Trennkost im Restaurant, auf Reisen und in Kantinen

Wenn auch Sie Spaß daran gefunden haben, Ihre Mahlzeiten harmonisch zusammenzustellen, und Ihnen diese Art zu essen guttut, wird es Ihnen sicherlich leichtfallen, auch im Restaurant die Speisen nach den Prinzipien der Trennkost auszuwählen.

Eine Speisenkarte setzt sich im allgemeinen aus Fleischgerichten, Beilagen und Salaten zusammen. Ihnen ist es freigestellt, ob Sie sich für eine Eiweiß- oder für eine Kohlenhydratmahlzeit entscheiden.

Möchten Sie gerne Fleisch, Fisch oder etwas mit Eiern essen, bevorzugen Sie also eine Eiweißmahlzeit, so ist das richtige Kombinieren sehr einfach. Wählen Sie statt der üblichen Kartoffel-, Reis- oder Nudelbeilage eine doppelte Portion Salat oder Gemüse, also neutrale Lebensmittel und Speisen.

Möchten Sie lieber eine Kohlenhydratmahlzeit zu sich nehmen, ist die Auswahl in leider noch vielen Restaurants nicht gerade üppig. Wählen Sie Kartoffeln, Reis, Nudeln oder Brot und essen dazu geräucherte Forelle, Räucherlachs, Schafskäse oder Heringstöpfchen, also neutrale Lebensmittel und Speisen. Essen Sie dazu stets einen großen Salat oder reichlich Gemüse.

Beim Essen im Urlaub, also in Hotels, und in Kantinen sollten Sie ebenso vorgehen. Auch hier werden sowohl Fleischgerichte als auch Beilagen und Salate angeboten. Entscheiden Sie sich wiederum für eine Eiweiß- oder eine Kohlenhydratmahlzeit.

Berufstätige, die nicht die Möglichkeit haben, in einer Kantine zu essen oder die dies nicht möchten, sollten sich Salate aus Tomaten, Gurken, Paprika, Blumenkohl, Chinakohl, Kohlrabi, Radieschen, Weiß- und Rotkraut, Sauerkraut, Fenchel und anderen Gemüsesorten mitnehmen. Kombinieren Sie dazu für eine Eiweißmahlzeit nach Belieben Roastbeef, kalten Braten, Hähnchenfleisch, Eier, Käse oder Fisch. Oder bereiten Sie eine Kräuter-Quark-Creme zu, in die Sie dann rohes Gemüse dippen.

Für eine Kohlenhydratmahlzeit eignen sich zum Beispiel Kartoffelsalat, Reissalat, Nudelsalat, Getreidebratlinge und Brot.

Keimlinge und Sprossen selbst ziehen

Sorte	Quellzeit in Stunden	Anzahl der Spülvorgänge pro Tag	Keimzeit in Tagen	Länge des Keims	ungefährer Ertrag: Samen
Adzukibohne	12	3	4	Bohnenlänge	3 : 1
Alfalfa	8	2	7–10	max. 10 cm	5 : 1
Bockshornklee	6–8	2	2	Samenlänge	4 : 1
Buchweizen, ungeschält	–	2	2–3	0,5 cm	2,5–3 : 1
Erbse	12	2–3	3	Erbsenlänge	2 : 1
Hirse, ungeschält	8	2–3	3	0,2 cm	1,5 : 1
Kichererbse	12	3–4	3	0,5 cm	3–4 : 1
Kresse	–	1	6–8	4 cm	2 : 1
Kürbis	12	3	2–3	0,3 cm	2 : 1
Leinsamen	–	1	2–3	Samenlänge	1,5 : 1
Linse	8	2–3	3	2 cm	4–6 : 1
Mungobohne	12	2–3	3–4	2 cm	5–6 : 1
Nacktgerste	8	1–2	2–3	Kornlänge	2 : 1
Nackthafer	4	2	2–3	Kornlänge	2 : 1
Rettich	–	2–3	3–4	0,3 cm	2–3 : 1
Roggen	12	2	2–3	Kornlänge	2 : 1
Senf	–	1	2–3	bis 0,5 cm	2 : 1
Sesam	6	2	2	0,2 cm	1,5 : 1
Sojabohne, gelbe	12	3–4	3–4	Bohnenlänge	4 : 1
Sonnenblume	6	2–3	2	Kernlänge	2 : 1
Weizen	12	2	2–3	Kornlänge	2 : 1

Linsenkeimlinge

Keimlinge und Sprossen als Vitaminspender

Keimlinge und Sprossen sind richtige kleine „Vitaminbomben". Während des Einweichens und im Laufe des Keimprozesses werden nämlich in den Samenkörnern Enzyme aktiv, die Nährstoffe in ihre Bausteine zerlegen und unter anderem auch Vitamine bilden. All dies geschieht, um den Keimling mit allem zu versorgen, was er zum Wachsen braucht, und das können auch wir uns zunutze machen. Keimlinge und Sprossen zählen zu den neutralen Lebensmitteln. Man kann sie zum Beispiel sehr gut unter Salate mischen, auf verschiedene Brotbeläge streuen oder ins Müsli mischen (zum Beispiel Weizenkeimlinge). Besonders im Winter, wenn viele Salatsorten aus dem Treibhaus stammen, sind Keimlinge ein guter Zu- oder Ersatz. Eine Vielfalt an Keimlingen und Sprossen wird inzwischen im Naturkosthandel oder in gut sortierten Gemüseläden oder -theken fertig angeboten. Es bereitet wenig Mühe, sie selbst zu ziehen. Wer kein Keimgerät besitzt (hier liegen Broschüren bei, die über die richtige Handhabung informieren), kann auch ein Einmachglas als Keimgefäß verwenden.

Und so wird's gemacht

Der keimfähige Samen (dafür verwendbare Sorten finden Sie in der Tabelle links) wird zunächst gründlich gewaschen, und Schmutzteile sowie zerbrochene Samen werden aussortiert. Gießt man reichlich Wasser auf die Samenkörner, so schwimmen nicht mehr keimfähige oben, und man kann sie einfach abschöpfen.
Den Samen nun in ein Einmachglas geben, reichlich Wasser dazugießen und das Glas mit einem Mulltuch abdecken. Das Tuch mit einem Gummiring befestigen (siehe Foto rechts oben).

Die Samen müssen nun quellen (bei Buchweizen, Kresse, Leinsamen, Rettich und Senf ist dies nicht nötig). Wie lange, das erfahren Sie in der Tabelle links. Nach der Quellzeit gießt man das Einweichwasser weg (es eignet sich sehr gut zum Blumengießen!) und spült die Samen nochmals gründlich ab.
Sie werden anschließend aufgelokkert, und man stellt das Glas schräg mit seiner Öffnung nach unten auf einen Teller, damit überschüssiges Wasser ablaufen kann.
Man läßt die Samen nun, je nach Sorte unterschiedlich lang, keimen und spült sie regelmäßig ab (siehe Tabelle links). Das ist wichtig, damit sich kein Schimmel bilden kann.

Tips

- Sprossen sollten niemals in Wasser liegen, sie dürfen nur feucht sein.
- Lassen Sie die Samen an einem 18 bis 22 °C warmen hellen, aber nicht sonnenbestrahlten Ort keimen. Nach wie vielen Tagen die jeweiligen Keimlinge erntereif sind, können Sie ebenfalls der Tabelle entnehmen.

Tips zu den Rezepten

- Alle Rezepte, die ich in diesem Buch für Sie zusammengestellt habe, sind leicht nachvollziehbar. Sie sollen Ihnen beispielhaft zeigen, wie man eiweißreiche Lebensmittel mit neutralen und kohlenhydratreiche mit neutralen kombinieren kann.
- Möchten Sie Rezepte variieren oder eigene zusammenstellen, ziehen Sie bitte den Trennungsplan von Seite 14 und 15 zu Rate.
- Die **Zuordnung der Speisen** gelingt Ihnen leicht, da alle Rezepttitel der kohlenhydratreichen Gerichte in Rot, die der eiweißreichen in Blau und die der neutralen in Grau gedruckt sind.

Samen, wenn nötig, quellen lassen

Das Einweichwasser nach dem Quellen abgießen

Überschüssiges Wasser gut ablaufen lassen

- Für wieviele Personen ein Gericht ausreicht, finden Sie zu Beginn jedes Rezeptes.
- Die **Zutatenmengen** beziehen sich bei Stückangaben, wie zum Beispiel „1 Möhre", auf (mittelgroße) Rohware. Bei Grammangaben, zum Beispiel „600 g Zucchini", auf gewaschene, geputzte, küchenfertige Lebensmittel.
- Die Angaben zu **Kilokalorien (kcal) und Kilojoule (kJ)** gelten jeweils für 1 Portion, bei Gebäck für 1 Stück.
- Bei den **Maßangaben** TL (= Teelöffel) und EL (= Eßlöffel) gehe ich stets von gestrichenen Maßen aus, bei in Stücken angegebenem Gemüse und Obst von mittelgroßen. Ausnahmen sind genannt.

- Die in den Rezepten angegebene **Zubereitungszeit** faßt die Vorbereitungs- und die Garzeit zusammen. Sie kann nur ein Orientierungswert sein, da es von jedem selbst abhängt, wie rasch er arbeitet. Sind längere Quell- oder Gehzeiten vonnöten, dann habe ich sie zusätzlich vermerkt.
- Einige der in meinen Rezepten verwendeten Zutaten sind fast ausschließlich im Naturkosthandel (z. B. Bioläden) erhältlich:
  – **Frutilose** ist ein schonend eingedampfter Obstdicksaft. Er ist sehr mild, weil ihm Fruchtsäuren entzogen werden.
  – **Essig** wird in der Trennkost nicht empfohlen. Ich verwende statt dessen **vergorenes Molkekonzentrat (Molkosan)**, Zitronensaft und ab und zu Brottrunk, den man auch in einigen Bäckereien kaufen kann.

– **Pflanzliche Bindemittel** aus Johannisbrotkernmehl (zum Beispiel Biobin und Nestargel) werden in Pulverform angeboten. Sie sind geschmacksneutral und enthalten nur sehr wenige Kalorien. Verwenden Sie sie bitte nur in sehr geringen Mengen, da beide sehr schnell eine Bindung herbeiführen. Beachten Sie hierzu unbedingt die Hinweise der Hersteller auf den Verpackungen.
– Zum Salzen verwende ich gerne **Meersalz**. Es enthält lebensnotwendige Mineralstoffe und Spurenelemente, wie zum Beispiel Jod. Auch **Kräutersalz** ist für mich beim Abschmecken unverzichtbar geworden. Sein Kochsalzgehalt liegt bei etwa 84 Prozent.
– **Vegetarische Gemüsebrühe** als Streuwürze (Instantpulver) wird von verschiedenen Herstellern angeboten. Diese Brühen sind frei von tierischen Zutaten und damit cholesterinfrei. Sie enthalten zudem kein Gluten und sind frei von gehärteten Fetten. Ich verwende das Pulver zum Würzen von herzhaften Gerichten, Suppen, Saucen und Gemüse.
– Unter der Bezeichnung „Holstener Liesel" gibt es einen **schmalzähnlichen, aber rein pflanzlichen Brotaufstrich** mit Äpfeln und Zwiebeln. Er ist ideal dafür geeignet, Suppen oder Gemüsemahlzeiten, die ohne Fleisch zubereitet werden, ein herzhaftes, würziges Aroma zu geben.

– Neu entdeckt habe ich geräucherten **Tofu**. In kleine Würfel geschnitten und in heißem Sonnenblumenöl geröstet schmeckt er phantastisch zu Feldsalat oder Kartoffelsalat.
– Beim Backen, zum Beispiel von Rührteigen, verwende ich **Weinsteinbackpulver** zur Lockerung. Es enthält im Gegensatz zu normalem Backpulver kein Phosphat.
- In einigen meiner Rezepte finden Sie **Sahnedickmilch**. Ich habe erst jetzt erfahren, daß dieses Produkt leider nicht überall erhältlich ist. Sie können statt dessen auch mit Buttermilch verrührte saure Sahne verwenden.
- In der Trennkost spielt die Auswahl und der richtige Gebrauch von Ölen und Fetten eine bedeutende Rolle. Empfehlenswert sind naturbelassene, **kaltgepreßte, unraffinierte Öle.** Sie enthalten wertvolle mehrfach ungesättigte Fettsäuren in größeren Mengen. Olivenöl, Sonnenblumenöl, Distelöl, Weizenkeimöl, Leinsamenöl und Maiskeimöl sind in dieser Qualität erhältlich. Verwenden Sie zum Kochen möglichst nur Oliven- und Sonnenblumenöl. Beide kann man problemlos erhitzen. Alle anderen sollte man nur kalt, zum Beispiel zu Salatsaucen, verarbeiten.
Butter und ungehärtete Pflanzenfette (zum Beispiel Reformhausmargarine mit einem hohen Anteil an ungesättigten Fettsäuren) sind ebenfalls empfehlenswert, sollten aber in Maßen verwendet werden. Man darf sie nie überhitzen oder stark bräunen. Nicht empfehlenswert sind alle raffinierten Öle, wie zum Beispiel normales Salatöl, und gehärteten Fette, wie zum Beispiel normale Margarinesorten oder Plattenfette (harte, weiße Fritierfette).

Da jeder andere Geschmacksvorlieben hat, möchte ich, daß Sie meine Rezepte als Anregung verstehen. Würzen Sie so, wie es Ihnen am besten schmeckt. Probieren Sie doch immer mal wieder etwas ganz Neues aus.

Für Familienmitglieder, die sich nicht der Trennkost anschließen möchten, braucht man nicht extra zu kochen. Ergänzen Sie einfach die kohlenhydratreichen Gerichte mit Fleisch oder Fisch und die eiweißreichen mit Kartoffeln, Reis oder Nudeln.

Wichtig ist, daß Sie, wie bei jeder anderen Ernährungsweise auch, über den Tag verteilt 1 bis 2 Liter Flüssigkeit als Mineralwasser oder Tee zu sich nehmen. Ab und zu können Sie natürlich auch ein Glas Wein oder Bier trinken.

Bei der Trennkost kommt es nach den Mahlzeiten zu keinem „Leistungsknick". Auch nach einer reichhaltigeren Mahlzeit fühlt man sich frisch und fit. Bei einer gemischten Kost ist dies oft anders. Vielleicht kennen Sie es auch, daß man etwa 20 Minuten nach dem Essen von einer bleiernen Müdigkeit befallen wird.

Erklärung der Abkürzungen und Symbole:

cm	= Zentimeter
Fett i.Tr.	= Fett in der Trockenmasse
EL	= Eßlöffel (gestrichen)
g	= Gramm (1 g = 1000 mg)
geh.	= gehäuft
kcal	= Kilokalorien (1 kcal = 4,184 kJ)
kJ	= Kilojoule
l	= Liter (1 l = 1000 ml)
Min-	= Minuten
ml	= Milliliter
Msp.	= Messerspitze
Std.	= Stunde
TK-...	= Tiefkühl-...
TL	= Teelöffel (gestrichen)
°C	= Grad Celsius
⌀	= Durchschnitt

Frühstücksideen, Zwischenmahlzeiten und Desserts

In dem nun folgenden Kapitel erwarten Sie Rezepte zum Beispiel für pikante Brote und Müslis, die für Abwechslung auf dem Frühstückstisch sorgen, sowie solche für Joghurt- und Quarkspeisen, Eiscremes, Mixgetränke, Gebackenes und viele andere Kleinigkeiten, die Sie sowohl zwischendurch als auch zum Dessert genießen können.

Möchten Sie weitere Vorschläge dazu, wie Sie Ihr Frühstück oder Ihre Zwischenmahlzeiten gestalten können, lesen Sie auch Seite 16 bis 19.

Erinnern Sie sich bitte auch an die Empfehlung Dr. Hays, nach der man säurereiches Beeren-, Stein- und Kernobst sowie Zitrusfrüchte morgens beziehungsweise bis 15 Uhr zu sich nehmen soll. Wenn Sie morgens noch kein Obst essen möchten oder es dann noch nicht gut vertragen, essen Sie es zwischendurch oder vor dem Mittagessen. Wenn Sie es kombinieren, dann nur in geringen Mengen mit eiweißreichen Lebensmitteln und niemals mit kohlenhydratreichen.

Auch bei der Trennkost gilt die alte Weisheit: Frühstücke wie ein Kaiser, iß zu Mittag wie ein König und abends wie ein Bettelmann.

Was man morgens und vormittags zu sich nimmt, wird vom Körper weitgehend verbraucht. Er ist in dieser Phase ganz besonders aktiv. Alles am Abend beziehungsweise vor der Ruhepause Gegessene, kann, wenn man damit Probleme hat, leicht zu unliebsamer Gewichtszunahme führen.

Brote
mit Obatztem

Zubereitungszeit:
ca. 10 Min.

Für 4 Personen

3 EL weiche Butter
150 g reifen Camembert
(60 % Fett i.Tr.)
1 Zwiebel
1 TL Kümmel
Paprikapulver edelsüß
4 Scheiben Vollkornbrot

1. Die Butter mit dem
Schneebesen cremig rüh-
ren. Den Camembert mit
einer Gabel gut zerdrük-
ken und mit der Butter
mischen.
2. Die Zwiebel schälen
und halbieren. Die eine
Hälfte in sehr feine Wür-
fel, die andere in dünne
Scheiben schneiden.
3. Die Zwiebelwürfel und
den Kümmel unter die
Camembertcreme
mischen. Den Obatzten
auf einem Teller anrich-
ten, mit den Zwiebel-
scheiben dekorieren und
mit Paprikapulver bestäu-
ben. Das Vollkornbrot
dazu essen.
(auf dem Foto oben)

ca. 240 kcal • 1015 kJ

Tip
Sie können mit Obatztem
bestrichene Brote zusam-
men mit einem neutralen,
frischen Salat auch als kal-
tes Hauptgericht servie-
ren. Die im Rezept ange-
gebene Menge reicht
dann für zwei Portionen.

Quarkbrot mit
Möhrenscheiben

Zubereitungszeit:
ca. 10 Min.

Für 1 Person

60 g Quark (20 % Fett i.Tr.)
2 EL Mineralwasser
Kräutersalz
1 Scheibe Vollkornbrot
1 TL Butter
1 Möhre
nach Belieben 1 TL
gehackte (glattblättrige)
Petersilie

1. Den Quark mit dem
Mineralwasser glattrühren
und mit Kräutersalz wür-
zen. Das Brot mit der Butter bestreichen.
2. Die Möhre schälen und
der Länge nach in dünne
Scheiben schneiden. Das
Butterbrot mit Möhren-
scheiben belegen (eine
für die Garnitur zurückbe-
halten) und den Quark
darauf verteilen.
3. Die restliche Möhren-
scheibe in feine Stifte
schneiden und sie auf den
Quark streuen. Nach
Belieben die Petersilie
darauf geben.
(auf dem Foto unten)

ca. 230 kcal • 955 kJ

Radieschenbrot

Zubereitungszeit:
ca. 10 Min.

Für 1 Person

1 Scheibe Vollkornbrot
1 TL Butter
6 Radieschen
80 g körniger Frischkäse
1 EL Schnittlauchröllchen
Paprikapulver edelsüß

1. Das Brot mit der Butter
bestreichen. Die Radies-
chen in dünne Scheiben
schneiden und darauf ver-
teilen.
2. Den Frischkäse auf die
Radieschenscheiben
geben und das Brot mit
den Schnittlauchröllchen
und Paprikapulver
bestreuen.
(auf dem Foto oben)

ca. 150 kcal • 635 kJ

Muntermacher

Zubereitungszeit:
ca. 10 Min.

Für 1 Person

1 Vollkornbrötchen
70 g Quark (20 % Fett i.Tr.)
2 EL Mineralwasser
Meersalz
1 EL Butter
8 dünne Scheiben
Salatgurke
2 EL Sojabohnensprossen
(selbstgezogen, siehe
Seite 21, oder gekauft)
Paprikapulver rosenscharf

1. Das Brötchen halbieren
und die Hälften toasten.
2. Inzwischen den Quark
mit dem Mineralwasser
glattrühren und mit Meer-
salz würzen.
3. Die Brötchenhälften
mit der Butter bestreichen
und mit den Gurkenschei-
ben belegen. Den Quark
darauf geben und ihn mit
den Sojabohnensprossen
und Paprikapulver
bestreuen.
(auf dem Foto unten)

ca. 280 kcal • 1180 kJ

Camemberttoasts mit Salat

Zubereitungszeit:
ca. ½ Std.

Für 1 Person

Für die Toasts:

2 Scheiben Vollkorn-
toastbrot
1 TL Butter oder
ungehärtete Margarine
1 mürber, süßer Apfel
1 Frühlingszwiebel
Meersalz
¼ runder Camembert
(60 % Fett i.Tr.; ca. 30 g)

Für den Salat:

½ Kopfsalat
50 g Champignons
1 EL kaltgepreßtes
Sonnenblumenöl
1 TL vergorenes Molke-
konzentrat (Molkosan)
Meersalz
1 EL Schnittlauchröllchen

1. Den Grill vorheizen.
Die Toastscheiben toasten
und dünn mit Butter oder
Margarine bestreichen.
Den Apfel schälen, vier-
teln, entkernen und in
dünne Spalten schneiden.
Die Frühlingszwiebel put-
zen, waschen und in
Ringe schneiden.
2. Apfel und Zwiebel auf
die Brotscheiben verteilen
und mit Salz würzen. Den
Camembert in dünne
Scheiben schneiden und
auf die Toasts legen.
3. Den Kopfsalat verlesen, waschen und in
Stücke zupfen. Die Cham-
pignons kurz waschen,
putzen und in dünne
Scheiben schneiden. Öl,
2 Eßlöffel Wasser, Molke-
konzentrat, Salz und
Schnittlauch zu einer
Sauce verrühren und die
Salatzutaten darin
wenden.

4. Die Toasts unter dem
Grill so lange erhitzen, bis
der Käse goldbraun ist.
(Falls Sie keinen Grill
haben, können Sie die
Toasts auch in einer
beschichteten Deckel-
pfanne zugedeckt so
lange erwärmen, bis der
Käse schmilzt.) Den Salat
zu den Toasts servieren.
(auf dem Foto: unten)

ca. 460 kcal • 1930 kJ

Lunchpaket
Am Vorabend die Toast-
brotscheiben ungetoastet
dünn mit Butter oder
ungehärteter Margarine
bestreichen. Auf die eine
Toastscheibe Camembert
und Frühlingszwiebel-
ringe legen und alles mit
Salz würzen. Die zweite
Toastscheibe darauf legen,
das Sandwich diagonal
durchschneiden, in
Frischhaltefolie einwik-
keln und über Nacht in
den Kühlschrank legen.
Dazu gibt es einen Apfel.

Käseknäckebrote mit Tomatensalat

Zubereitungszeit:
ca. 20 Min.

Für 1 Person

Für die Brote:

3 Scheiben Vollkorn-
knäckebrot

2 TL Butter oder
ungehärtete Margarine

3 kleine Scheiben Käse
(60 % Fett i.Tr.),
z. B. Butterkäse

1 Tomate

Salz

1 EL Schnittlauchröllchen

Für den Salat:

3 Tomaten

2 EL Joghurt

1 TL vergorenes Molke-
konzentrat (Molkosan)

Salz

1 EL Schnittlauchröllchen

1. Die Knäckebrote mit
Butter oder Margarine
bestreichen, dann mit
dem Käse belegen.
2. Die Tomate waschen,
putzen und in 6 Scheiben
schneiden. Jedes Knäcke-
brot in der Mitte durch-
schneiden und auf jedes
Stück eine Tomaten-
scheibe legen. Alles mit
Salz würzen und mit
Schnittlauch bestreuen.
3. Für den Salat die Tomaten waschen, putzen und
in Scheiben schneiden.
Joghurt, 2 Eßlöffel Wasser,
Molkekonzentrat, Salz
und Schnittlauch zu einer
Sauce verrühren. Den
Salat damit mischen.
(auf dem Foto: oben)

ca. 375 kcal • 1560 kJ

Apfelmüsli

Zubereitungszeit:
ca. ¼ Std.

Für 1 Portion

1 mürber Apfel
100 g Joghurt (3,5 % Fett)
2 TL Frutilose
3 EL kernige Haferflocken

1. Den Apfel waschen, vierteln, entkernen, grob raspeln.
2. Den Joghurt mit der Frutilose glattrühren und die Apfelraspel daruntermischen.
3. Die Haferflocken in ein Schälchen geben und den Joghurt darauf geben.
(auf dem Foto: 2. von oben)

ca. 300 kcal • 1255 kJ

Bananenjoghurt

Zubereitungszeit:
ca. 10 Min.

Für 1 Portion

1 kleine Banane
150 g Joghurt (3,5 % Fett)
1 EL Sonnenblumenkerne

1. Die Banane schälen, mit einer Gabel zerdrücken.
2. Den Joghurt mit einem Schneebesen cremig rühren und das Bananenmus darunterrühren. Alles mit den Sonnenblumenkernen bestreuen.
(auf dem Foto: 2. von unten)

ca. 225 kcal • 940 kJ

Süßer Haferbrei

Zubereitungszeit:
ca. 10 Min.

Für 1 Portion

50 g Haferkörner oder kernige Haferflocken
2 EL Sahne
2 TL Honig
1 Prise Zimtpulver

1. Die Haferkörner mit einem Flocker zu Flocken quetschen. (Wer keinen Flocker zur Verfügung hat, kann auch Vollkornhaferflocken verwenden.)
2. Dann ¼ l Wasser mit der Sahne in einem kleinen Topf verrühren. Die Haferflocken hinzufügen und alles unter Rühren langsam aufkochen lassen.
3. Den Brei mit dem Honig leicht süßen und mit dem Zimt bestäuben.
(auf dem Foto: oben)

ca. 330 kcal • 1380 kJ

Haferflockenmüsli mit Backpflaumen

Quellzeit: ca. 8 Std. oder über Nacht
Zubereitungszeit:
ca. 10 Min.

Für 1 Portion

3 Backpflaumen
3 EL kernige Haferflocken
100 g Kefir
1 EL Frutilose oder
1 TL Honig
1 Prise Zimtpulver

1. Die Pflaumen über Nacht im Wasser quellen lassen.
2. Am nächsten Morgen die Backpflaumen kleinschneiden und mit etwas Einweichwasser, den Haferflocken und dem Kefir mischen.
3. Das Müsli mit der Frutilose oder mit dem Honig schwach süßen und mit Zimt bestäuben.
(auf dem Foto: Mitte)

ca. 290 kcal • 1210 kJ

Französisches Frischkäsebrot

Zubereitungszeit:
ca. 10 Min.

Für 1 Portion

50 g Doppelrahmfrischkäse
2 EL Mineralwasser
1 Knoblauchzehe
2–3 Basilikumblättchen
½ TL Kräutersalz
1 Scheibe Vollkornbrot

1. Den Frischkäse mit dem Mineralwasser cremig rühren. Die Knoblauchzehe schälen und dazudrücken.
2. Die Basilikumblättchen waschen, sehr fein hakken, zusammen mit dem Kräutersalz zum Frischkäse geben und alles mischen.
3. Das Vollkornbrot gleichmäßig mit der Käsecreme bestreichen.
(auf dem Foto: unten)

ca. 300 kcal • 1255 kJ

Ei mit Alfalfa und Radieschen

Zubereitungszeit:
ca. ¼ Std.

Für 1 Portion

6 Radieschen
1 frisches Ei
1 Butterflöckchen (5 g)
Salz
schwarzer Pfeffer
1 EL Alfalfa
(Luzernesprossen)
1 EL Sonnenblumenkerne

1. Die Radieschen putzen, waschen, in Scheiben schneiden und auf einen Teller legen.
2. Das Ei wachsweich kochen, dann pellen. Es in ein Schälchen legen, mit einem spitzen Messer oben etwas aufschneiden und das Butterflöckchen darauf setzen.
3. Das Ei mit Salz und Pfeffer würzen und mit dem Alfalfa sowie den Sonnenblumenkernen bestreuen. Dazu die Radieschen essen.
(auf dem Foto: oben)

ca. 145 kcal • 605 kJ

Birnenjoghurt

Zubereitungszeit:
ca. 10 Min.

Für 1 Person

150 g Joghurt (3,5 % Fett)
einige Tropfen
Zitronensaft
etwas abgeriebene Schale
einer unbehandelten
Zitrone
1 TL ungeschwefelte
Rosinen
1 Birne
1 TL gehackte Walnüsse

1. Den Joghurt mit etwas Zitronensaft und Zitronenschale sowie mit den Rosinen in einem Schälchen verrühren.
2. Die Birne schälen, vierteln, entkernen und kleinwürfeln. Sie dann unter den Joghurt heben. Die Nüsse darüberstreuen.
(auf dem Foto: Mitte links)

ca. 185 kcal • 765 kJ

Vanillequark

Zubereitungszeit:
ca. 10 Min.

Für 1 Person

2 Nektarinen oder
Pfirsiche
5 EL Quark (20 % Fett)
einige Tropfen
Zitronensaft
1 Msp. Vanillemark
1 EL gehackte Haselnüsse

1. Die Nektarinen oder die Pfirsiche waschen, halbieren, entsteinen und in Spalten schneiden. Einige davon für die Dekoration beiseite legen.
2. Das Obst mit dem Quark mischen und alles mit einem Schneidstab fein pürieren. Den Quark mit Zitronensaft und Vanillemark fein abschmecken.
3. Den Quark in ein Schälchen geben und mit den restlichen Obstspalten dekorieren. Die Nüsse darauf streuen.
(auf dem Foto: Mitte rechts)

ca. 230 kcal • 950 kJ

Heidelbeerdickmilch

Zubereitungszeit:
ca. 10 Min.

Für 1 Person

150 g frische
Heidelbeeren oder
½ Päckchen TK-Beerencocktail, aufgetaut (150 g)
200 g Dickmilch
3 EL Orangensaft
1 EL Mandelblättchen

1. Die Beeren in ein Schälchen geben. Die Dickmilch mit dem Orangensaft glattrühren und darübergießen.
2. Die Mandelblättchen in einer Pfanne ohne Fettzugabe goldgelb rösten und auf die Dickmilch streuen.
(auf dem Foto: unten)

ca. 380 kcal • 1580 kJ

Buttermilchdrink

Zubereitungszeit:
ca. 10 Min.

Für 2 Personen

1 kleine Banane
1 EL Honig
300 g kalte Buttermilch
2 EL gehackte Haselnüsse
Zimt

1. Die Banane schälen, das Fruchtfleisch mit einer Gabel zerdrücken und mit dem Honig süßen.
2. Das Bananenmus, die Buttermilch und die Nüsse in ein hohes Gefäß geben und alles mit dem Schneidstab pürieren.
3. Den Buttermilchdrink in zwei Gläser gießen und mit etwas Zimt bestäuben. (auf dem Foto oben)

ca. 180 kcal • 755 kJ

Sahneeis mit Heidelbeeren

Zubereitungszeit:
ca. 1/2 Std.
Gefrierzeit: 2–3 Std.

Für 2 Personen

125 g süße Sahne
3 EL Akazienhonig
2 frische Eigelbe
50 g ungeschwefelte Rosinen
200 g frische oder TK-Heidelbeeren

1. Die Sahne mit 1/8 l Wasser und dem Honig gut verrühren.
2. Die Eigelbe in einer Schüssel cremig rühren, die Sahnemischung dazugeben und alles kräftig verschlagen.
3. Die Schüssel in ein warmes Wasserbad hängen und die Mischung bei mäßiger Hitzezufuhr mit dem Schneebesen so lange schlagen, bis eine dickliche Masse entsteht. Dann die Rosinen hinzufügen.
4. Die Mischung abkühlen lassen oder im kalten Wasserbad so lange schlagen, bis sie kalt ist. Die Schüssel abdecken und sie für 2 bis 3 Stunden ins Gefrierfach stellen. Das Eis zwischendurch immer wieder umrühren.
5. Tiefgekühlte Heidelbeeren auftauen lassen und die Beeren zusammen mit dem Sahneeis servieren. (auf dem Foto unten)

ca. 495 kcal • 2080 kJ

Coppa Banane

Zubereitungszeit:
ca. ¼ Std.
Gefrierzeit: 2–3 Std.

Für 2 Personen

2 reife Bananen
100 g flüssige süße Sahne
2 EL Frutilose
1 Vanilleschote
2 EL geschlagene
süße Sahne
2 TL gehackte Mandeln

1. Die Bananen schälen,
das Fruchtfleisch etwas
zerkleinern und in ein
hohes Gefäß geben.
2. Die flüssige süße
Sahne, 150 ml Wasser und
die Frutilose dazugeben.
3. Die Vanilleschote auf-
schlitzen, das Mark her-
auskratzen und es eben-
falls hinzufügen. Nun
alles mit dem Schneidstab
pürieren.
4. Das Bananenpüree in
eine Schüssel füllen, diese
verschließen und für 2 bis
3 Stunden ins Gefrierfach
stellen. Das Püree zwi-
schendurch immer wie-
der sorgfältig umrühren.
5. Das Eis in Dessertgläser
geben, je einen Sahnetup-
fer darauf setzen und
gehackte Mandeln dar-
überstreuen.
(auf dem Foto oben)

ca. 400 kcal • 1670 kJ

Heidelbeermix

Zubereitungszeit:
ca. 5 Min.

Für 2 Personen

2 Eiswürfel, zu
Splittern zerstoßen
300 g Buttermilch
100 g frische oder
TK-Heidelbeeren
2 EL Frutilose

1. Das zerstoßene Eis
zusammen mit der Butter-
milch und den Heidelbee-
ren in einem Mixer
mixen.
2. Den Drink mit der Frutilose süßen und in zwei
hohe Gläser gießen.
(auf dem Foto unten)

ca. 135 kcal • 565 kJ

Kastenkuchen mit Apfelstückchen

Zubereitungszeit:
ca. 1 ¾ Sdt.

Für 1 Kuchen
(15 Stücke)

125 g zerlassene Butter
100 g flüssiger Honig
2 frische Eigelbe
4 EL Sahne
1 EL abgeriebene Schale
einer unbehandelten
Zitrone
125 g grob geh. Mandeln
½ TL Meersalz
1 TL gemahlene Vanille
1 ½ TL Zimtpulver
3 TL Weinsteinbackpulver
350 g feines Weizen-
oder Dinkelvollkornmehl
3–4 mürbe Äpfel
(300 g küchenfertig)
1 TL Butter für die Form

1. Die flüssige Butter zusammen mit Honig, Eigelben, Sahne und 80 ml Wasser zu einer sehr glatten Creme verrühren. Zitronenschale, Mandeln, Salz, Vanille und Zimt hinzufügen und alles gut verrühren.
2. Das Backpulver mit dem Vollkornmehl mischen und nach und nach unter den Teig rühren. Ihn dann etwa ¼ Stunde ruhen lassen. Den Backofen auf 160 °C vorheizen.
3. In der Zwischenzeit die Äpfel schälen, die Kerngehäuse entfernen und das Fruchtfleisch in schmale Spalten oder Stücke schneiden. Diese dann sofort unter den Teig rühren, damit sie nicht braun werden.

4. Eine Kastenform (30 cm Länge) einfetten, den Teig hineinfüllen und glattstreichen. Im Backofen auf der unteren Schiene 45 bis 50 Minuten backen. Gleich zu Beginn der Backzeit ein mit Wasser gefülltes feuerfestes Gefäß mit in den Ofen stellen.
5. Nach Ende der Backzeit den Kuchen noch kurze Zeit in der Form lassen. Ihn dann vorsichtig am Rand von der Form lösen, auf ein Kuchengitter stürzen und darauf auskühlen lassen.

ca. 260 kcal • 1090 kJ

Tip
Verpacken Sie den ausgekühlten Kuchen in Alufolie. So wird er nicht trocken, sondern bleibt lange saftig.

Sesamschnitten

Zubereitungszeit:
ca. ¾ Std.

Für 1 Blech
(40 Stücke)

125 g flüssige Butter
150 g flüssiger Honig
250 g Buttermilch
2 EL abgeriebene Schale einer unbehandelten Zitrone
1 frisches Eigelb
100 g gehackte Mandeln
100 g ungeschwefelte Rosinen
½ TL Meersalz
1 Päckchen Weinstein-backpulver
350 g feines Dinkel- oder Weizenvollkornmehl
1 EL Butter für das Blech
100 g Sesamkörner

1. Die flüssige Butter zusammen mit Honig und Buttermilch zu einer glatten Creme verrühren. Zitronenschale, Eigelb, Mandeln, Rosinen und Meersalz hinzufügen und alles schön glattrühren.
2. Das Backpulver mit dem Vollkornmehl mischen und nach und nach unter den Butter-milchteig rühren. Darauf den Backofen auf 160 °C vorheizen.
3. Ein Backblech einfetten. Den Teig darauf strei-chen und etwa ¼ Stunde ruhen lassen. Anschlie-ßend die Sesamkörner gleichmäßig auf den Teig streuen.
4. Das Blech auf der mitt-leren Schiene in den Ofen schieben und den Sesam-kuchen etwa 25 Minuten backen. Dann noch heiß in etwa 40 schmale Riegel schneiden und diese aus-kühlen lassen.

ca. 120 kcal • 500 kJ

Marlenes Rosettenkuchen

Zubereitungszeit:
ca. 1½ Stunden

Für 12–16 Stücke

Für den Teig:

500 g feines Dinkel- oder
Weizenvollkornmehl
1 Päckchen
Weinsteinbackpulver
125 g kalte Butter
1 Prise Meersalz
1 frisches Eigelb
1 EL abgeriebene Schale
einer unbehandelten
Zitrone
250 g Quark
(20 % Fett i.Tr.)
125 g flüssiger Honig

Für die Füllung:

125 g ungeschwefelte
Rosinen
3 mürbe, süße Äpfel
100 g gehackte Mandeln
2 TL Zimtpulver
50 g Honig

Für den Guß:

je 50 g Butter, Honig und
süße Sahne
3 EL Kokosraspeln

Außerdem:

etwas weiche Butter für
die Form

1. Das Mehl durchsieben
und die Kleie beiseite stellen. Mehl und Backpulver
mischen und alles auf
eine Arbeitsfläche geben.
In die Mitte eine Vertiefung drücken und die
Butterflöckchen hineingeben.

2. Salz, Eigelb sowie
Zitronenschale hinzufügen und alles mit etwa
einem Drittel des Mehls
zu einem geschmeidigen
Vorteig verarbeiten. Den
Backofen auf 175 °C vorheizen.

3. Nun den Quark und
den Honig hinzufügen und
alles gut miteinander
verkneten. Die Kleie auf

die Arbeitsfläche streuen
und den Teig darauf zu
einem Rechteck (etwa
35 x 45 cm) ausrollen.

4. Die Rosinen heiß
abspülen und gut abtropfen lassen. Die Äpfel schälen, vierteln, entkernen
und in schmale Spalten
schneiden. Rosinen, Mandeln, Zimt und Honig mit
den Spalten mischen.

5. Die Apfelfüllung auf
dem Teig verteilen. Den
Teig von der längeren
Seite her fest zusammenrollen und die Rolle in
9 gleich große Scheiben
schneiden. Diese nebeneinander in eine gefettete
Springform (26 cm ∅)
setzen.

6. Für den Guß die Butter
erwärmen, Honig und
Sahne hinzufügen und
alles mit einem Schneebesen zu einer schaumigen
Creme aufschlagen.

7. Den Guß gleichmäßig
auf dem Kuchen verteilen

und diesen auf der mittleren Schiene etwa ¾ Stunden backen. Ihn anschließend abkühlen lassen, aus
der Form nehmen und
mit den Kokosraspeln
bestreuen.

ca. 420 kcal • 1760 kJ

Tip

Legen Sie die Springform
mit Backpapier aus. Das
„spart Kalorien", da Sie auf
das Ausfetten der Form
verzichten können.
Außerdem tropft keine
Flüssigkeit heraus. Ihr
Ofen bleibt also sauber.

Streuselplätzchen

Zubereitungszeit:
ca. 1 Stunde

Für ca. 40 Stück

Für den Teig:
250 g feines
Dinkelvollkornmehl
2 TL Weinsteinbackpulver
100 g gemahlene
Haselnüsse
125 g kalte Butter,
in Stückchen
80 g flüssigen Honig

Für die Füllung:
200 g ungeschwefelte,
getrocknete Pflaumen
2 TL Zimtpulver
1 EL frisch geriebener
Ingwer
1 EL abgeriebene Schale
einer unbehandelten
Zitrone

Für die Streusel:
200 g feines
Dinkelvollkornmehl
80 g kalte Butter
80 g Honig

Außerdem:
etwas weiche Butter für
das Blech

1. Das Mehl für den Teig
zusammen mit dem Back-
pulver mischen und alles
auf eine Arbeitsfläche
geben. In die Mitte eine
Vertiefung drücken.
2. Nüsse, Butterstückchen
und Honig in die Mulde
geben und alles zu einem
geschmeidigen Teig verar-
beiten. Den Backofen auf
etwa 175 °C vorheizen.
3. Den Teig auf einer
bemehlten Fläche etwa
½ cm dick ausrollen. Mit
einer runden Form oder
einem Glas (etwa 6 cm ∅)
Plätzchen ausstechen und
diese auf ein gefettetes
Backblech setzen.

4. Die Pflaumen sehr fein
würfeln oder durch einen
Fleischwolf drehen und
zusammen mit Zimt,
Ingwer und Zitronen-
schale vermischen. Die
Masse dünn auf die Plätz-
chen streichen.
5. Für die Streusel das
Mehl zusammen mit der
Butter und dem Honig gut
verkneten. Den Teig
gleichmäßig auf die Plätzchen krümeln und leicht
andrücken.
6. Die Plätzchen auf der
mittleren Schiene 12 bis
15 Minuten backen.

ca. 125 kcal • 525 kJ

Tip
Vollkornteig läßt sich
beser ausrollen, wenn
man ihn zwischen 2 Stück
Klarsichtfolie legt. Er reißt
dann nicht so schnell und
kann nicht am Nudelholz
hängenbleiben.

Mandelecken

Zubereitungszeit:
ca. 50 Minuten

Für 40–48 Stück

200 g kernige
Haferflocken
200 g feines
Dinkelvollkornmehl
1 Päckchen
Weinsteinbackpulver
125 g kalte Butter
in Stückchen
80 g flüssiger Honig
1 frisches Eigelb
50 g süße Sahne

Für den Belag:
100 g Butter
5 EL süße Sahne
150 g Honig
200 g gehackte Mandeln

Außerdem:
Butter für das Blech

1. Die Haferflocken mit dem Mehl und dem Backpulver mischen. Den Ofen auf 180 °C vorheizen.
2. Butterstückchen, Honig, Eigelb, Sahne sowie etwa 5 EL Wasser hinzufügen und alles rasch zu einem geschmeidigen Teig verkneten. Diesen auf ein gefettetes Backblech streichen.
3. Für den Belag die Butter schmelzen lassen. Sahne, Honig und Mandeln hinzufügen. Alles unter Rühren kurz aufkochen lassen und die Masse sofort gleichmäßig auf dem Teig verteilen.
4. Das Ganze auf der mittleren Schiene ungefähr 15 Minuten backen, herausnehmen, abkühlen lassen und je nach Backblechgröße in 40 bis 48 kleine Dreiecke schneiden.
(auf dem Foto:
links unten)

ca. 135 kcal • 565 kJ

Müslihäufchen

Zubereitungszeit:
ca. ½ Stunde

Für ca. 40 Stück

2 frische Eigelb
2 EL kaltgepreßtes
Sonnenblumenöl
200 g Honig
100 g kernige
Haferflocken
50 g ungeschälte
Sesamsamen
100 g Kokosflocken

1. Die Eigelbe mit einem Schneebesen cremig aufschlagen, dann Öl und Honig darunterziehen. Den Backofen auf 180 °C vorheizen.
2. Haferflocken, Sesam und Kokosflocken dazugeben und alles zu einer zähen Masse verkneten.
3. Ein Backblech mit Backpapier belegen und mit feuchten Händen aus dem Teig etwa 40 Häufchen formen (ähnlich wie Makronen). Diese auf das Blech setzen und auf der mittleren Schiene 10 bis 12 Minuten goldbraun backen.
(auf dem Foto: links oben)

ca. 55 kcal • 230 kJ

Variation
Geben Sie zur Abwechslung mal einige kleingewürfelte Feigen unter die Haferflockenmasse.

Trockenobst-Nuß-Schnitten

Zubereitungszeit:
ca. 45 Minuten

Für ca. 70 Stück

| 200 g ungeschwefelte Aprikosen |
| 100 g ungeschwefelte Trockenpflaumen |
| 200 g gehackte Mandeln oder Haselnüsse |
| 100 g ungeschälte Sesamsamen |
| 200 g kernige Haferflocken |
| 100 g Butter |
| 200 g flüssiger Honig |
| 200 g süße Sahne |
| 5 große, eckige Oblaten |

1. Die Trockenfrüchte
sehr klein würfeln oder
durch einen Fleischwolf
drehen und zusammen
mit Mandeln oder Hasel-
nüssen, Sesam und Hafer-
flocken mischen. Den
Backofen auf 175 °C vor-
heizen.
2. Die Butter in einem
großen Topf schmelzen
lassen, Honig und Sahne
hinzufügen, alles kurz aufkochen lassen. Die Früch-
temischung dazugeben
und alles unter Rühren
etwas einkochen lassen.
3. Ein Backblech (etwa
30 x 40 cm) mit Back-
papier belegen und die
Oblaten auf das Blech
geben. Die Masse darauf
verteilen.
4. Die Fruchtschnitten auf
der mittleren Schiene
etwa ¼ Stunde backen,
herausnehmen, auskühlen
lassen und in ungefähr
4 cm große Quadrate
schneiden.
(auf dem Foto:
rechts oben)

ca. 75 kcal • 315 kJ

Sesamtatzen

Zubereitungszeit:
ca. 35 Minuten

Für ca. 40 Stück

Für die Tatzen:

| 100 g ungeschwefelte Rosinen |
| 6 EL Doppelkorn |
| 125 g ungeschälte Sesamsamen |
| 80 g gemahlene Hasel-nüsse |
| 100 g weiche Butter |
| 150 g flüssiger Honig |
| 1 frisches Eigelb |
| 180 g feines Dinkel- oder Weizenvollkornmehl |
| 2 EL geriebener Ingwer |

Außerdem:

| Butter für das Blech |

1. Die Rosinen mit dem
Korn begießen und kurz
darin ziehen lassen.
2. Die Sesamkörner in
einer trockenen, heißen
Pfanne rösten. Mit den
Nüssen mischen. Ofen auf
180 °C vorheizen.
3. Die Butter mit dem
Honig und dem Eigelb
cremig rühren. Die Rosi-
nen mit der Einweichflüs-
sigkeit sowie der Nußmi-
schung hinzufügen und
unter Rühren das Mehl
und den Ingwer darunter-
mischen.
4. Alles rasch zu einem
geschmeidigen Teig ver-
kneten und daraus wal-
nußgroße Kugeln formen.
Diese auf ein gefettetes
Backblech setzen und mit
einer großen Gabel zu flachen Tatzen drücken.
5. Das Gebäck auf der
mittleren Schiene etwa
¼ Stunde backen.
(auf dem Foto:
rechts unten)

ca. 100 kcal • 420 kJ

Vierkornkekse

Zubereitungszeit:
ca. ¾ Std.
Backzeit: 8–10 Min.

Für ca. 40 Stück

Für den Teig:
je 100 g feines Dinkel-,
Weizen- und Hafer-
vollkornmehl
75 g feines Hirsemehl
200 g kalte Butter
1 Prise Meersalz
abgeriebene Schale von
½ unbehandelten Zitrone
1 frisches Eigelb
150 g Honig

Außerdem:
Fett für das Blech
ca. 20 Mandeln

1. Die Mehlsorten
mischen und auf eine
Arbeitsfläche geben. In
die Mitte des Mehls eine
Vertiefung drücken und
die in Stücke geschnit-
tene, kalte Butter hineingeben.
2. Das Salz, die Zitronenschale, das Eigelb und den
Honig hinzufügen und
alles zu einem weichen,
geschmeidigen Mürbeteig
verkneten.
3. Den Backofen auf
160 °C vorheizen. Die
Mandeln halbieren. Den
Teig zwischen zwei Lagen
Klarsichtfolie etwa ½ cm
dick ausrollen und die
Teigplatte anschließend
mit einem scharfen Mes-
ser in etwa 40 kleine
Quadrate schneiden.
4. Die Kekse auf ein gefettetes Blech legen und
jeden mit einer halben
Mandel belegen. Die
Kekse in 8 bis 10 Minuten
backen.
(auf dem Foto: unten)

1 Keks enthält
ca. 84 kcal • 350 kJ

Sesamstangen

Zubereitungszeit:
ca. ¾ Std.
Kühlzeit: ca. 1 Std.
Backzeit: ca. 18 Min.

Für ca. 30 Stück

Für den Teig:
240 g feines Dinkel-
vollkornmehl
1 Päckchen Weinstein-
backpulver
1 TL Kräutersalz
3 EL kaltgepreßtes
Sonnenblumenöl
200 g Buttermilch

Außerdem:
4 EL Sesamsamen
Fett für das Blech

1. Das Dinkelmehl mit
dem Backpulver und dem
Kräutersalz in einer Schüssel mischen.
2. Das Sonnenblumenöl
und die Buttermilch hin-
zufügen und alles zu
einem geschmeidigen Teig
verkneten.
3. Den Teig in 30 gleich
große Stücke teilen und
sie auf einer bemehlten
Arbeitsfläche nacheinan-
der zu etwa 10 cm langen
Stangen rollen. Diese in
Sesam wenden und die
Körner leicht andrücken.
4. Die Stangen abgedeckt
im Kühlschrank etwa
1 Stunde ruhen lassen.
Den Backofen auf 180 °C
vorheizen. Die Stangen
auf ein gefettetes Back-
blech legen und in etwa
18 Minuten backen.
(auf dem Foto: Mitte)

1 Stange enthält
ca. 45 kcal • 190 kJ

Pikantes Käsegebäck

Zubereitungszeit:
ca. ¾ Std.
Kühlzeit: ca. 1 Std.
Backzeit: ca. 18 Min.

Für ca. 35 Stück

Für den Teig:
120 g feines Dinkel-
vollkornmehl
70 g geriebener Käse
(mit mindestens 60 % Fett
i. Tr., Butterkäse oder
Rahmgouda)
50 g Butter
50 g süße Sahne

Außerdem:
1 frisches Eigelb
Kümmel, Sesam oder
Mohn

1. Das Dinkelmehl zusammen mit dem Käse, der
Butter und der Sahne zu
einem geschmeidigen Teig
verkneten.
2. Den Teig auf einer bemehlten Arbeitsfläche zu
einer Rolle (ca. 3 cm ⌀)
formen und sie gut abge-
deckt im Kühlschrank
etwa 1 Stunde lang ruhen
lassen.
3. Die Rolle danach in
etwa 35 gleich dicke
Scheiben schneiden und
diese auf ein gefettetes
Backblech legen. Den
Backofen auf 180 °C vor-
heizen.
4. Das Eigelb mit 1 Eßlöffel Wasser verquirlen und
die Taler damit bestrei-
chen. Sie nach Belieben
mit Kümmel, Sesam oder
Mohn bestreuen und in
etwa 18 Minuten backen.
(auf dem Foto: oben)

1 Plätzchen enthält
ca. 40 kcal • 165 kJ

Beerencocktail mit Himbeersauce

Zubereitungszeit:
ca. 20 Minuten

Für 2 Personen

Für die Sauce:
250 g Himbeeren
(eventuell tiefgekühlt)
2 EL Frutilose
2 EL Himbeergeist

Für den Cocktail:
125 g Brombeeren
125 g Johannisbeeren
125 g Erdbeeren
1 EL Zitronensaft
2 EL Frutilose
250 g Quark
(20 % Fett i. Tr.)
4 EL Mineralwasser

1. Für die Sauce die Himbeeren gegebenenfalls waschen, dann mit dem Schneidstab pürieren und durch ein Sieb streichen. Das Himbeermus mit Frutilose und Himbeergeist verrühren.
2. Für den Cocktail die Beeren verlesen und waschen. In einer Schüssel mit Zitronensaft und Frutilose vorsichtig mischen.
3. Den Quark mit dem Mineralwasser cremig rühren und in zwei Dessertgläser füllen. Die Früchte auf den Quark geben und mit der Himbeersauce begießen.
(auf dem Foto: oben)

ca. 400 kcal • 1675 kJ

Orangensalat mit Rumsahne

Zubereitungszeit:
ca. 20 Minuten

Für 2 Personen

12 Mandeln
3 mittelgroße Orangen
100 g Sahne
2 EL Rum

1. Die Mandeln mit kochendem Wasser übergießen, 5 Minuten stehenlassen, dann die Haut abziehen. Danach die Mandeln grob hacken.
2. Die Orangen sorgfältig schälen, dabei auch die weiße Haut entfernen. Die Orangenfilets mit einem Messer aus den Trennhäuten herausschneiden und kreisförmig auf zwei Desserttellern anrichten.
3. Die Sahne steifschlagen und den Rum darunterrühren.
4. Die Rumsahne auf die Orangen geben und mit den gehackten Mandeln bestreuen.
(auf dem Foto: unten)

ca. 330 kcal • 1380 kJ

Brombeercreme

Zubereitungszeit:
ca. 10 Minuten
Quellzeit:
ca. ½ Stunde
Gelierzeit:
ca. ½ Stunde

Für 2 Personen

250 g Brombeeren
4 EL Frutilose
1 EL klarer Schnaps
4 Blatt weiße Gelatine
175 g Sahnedickmilch
2 TL Mandelblättchen

1. Die Brombeeren waschen, mit einer Gabel zerdrücken, mit der Frutilose süßen und etwa ½ Stunde Saft ziehen lassen.
2. Anschließend die Früchte zusammen mit dem Schnaps mit dem Schneidstab pürieren.
3. Die Gelatine ungefähr 5 Minuten in kaltem Wasser quellen lassen, dann ausdrücken und bei geringer Hitze in einem kleinen Topf schmelzen lassen. Die Gelatine nach und nach in das Brombeermus einrühren.
4. Die Sahnedickmilch mit dem Schneebesen cremig rühren und anschließend unter die Beeren ziehen.
5. Die Creme in zwei Dessertschälchen füllen, mit den Mandelblättchen bestreuen und für ungefähr ½ Stunde kalt stellen.
(auf dem Foto: Mitte)

ca. 320 kcal • 1340 kJ

Vitamin-C-Bombe

Zubereitungszeit:
ca. 20 Min.

Für 2 Personen

2 Blutorangen
2 Kiwis
125 g Quark (20 % F. i. Tr.)
2 EL Frutilose
2 EL gehackte Mandeln

1. Die Schale der Orangen abschneiden und auch die weißen Häute entfernen.

2. Nun an den Zwischenhäuten einschneiden, die Filets herauslösen und kleinschneiden.
3. Die verbleibenden Fruchtreste mit der Hand auspressen und den Saft auffangen.
4. Die Kiwis schälen, in Scheiben schneiden und mit den Orangenfilets mischen.

5. Den aufgefangenen Orangensaft mit dem Quark verrühren und die Creme mit Frutilose süßen.
6. Die Quarkcreme als dicken Klecks auf das Obst geben und mit den Mandeln bestreuen.
(auf dem Foto: Mitte)

ca. 250 kcal • 1050 kJ

Tip
Geben Sie die Quarkcreme erst kurz vor dem Servieren auf die Früchte, denn der Quark wird schnell bitter, wenn er mit frischen Kiwis gemischt wird.

Ananasdessert

Zubereitungszeit:
ca. 10 Min.

Für 1 Person

2 EL Kokosraspel
2 Scheiben frische Ananas, ohne Schale
2 EL geschlagene süße Sahne

1. Die Kokosraspel in einer beschichteten Pfanne ohne Fettzugabe leicht rösten.
2. Die Ananasscheiben in den Kokosraspeln wenden und auf einen Teller legen. Die Schlagsahne dazugeben.
(auf dem Foto: unten)

ca. 215 kcal • 910 kJ

Melonencocktail

Marinierzeit: ca. 2 Std.
Zubereitungszeit (ohne
Kühlzeit): ca. 25 Min.

Für 4 Personen

2 EL ungeschwefelte
Rosinen
1 Schuß Doppelkorn
1 reife Netzmelone
1 große Orange
250 g geputzte Früchte
der Saison (Erdbeeren,
Himbeeren, Nektarinen)
Saft von ½ Zitrone
1 EL Frutilose
1 Zweig Minze

1. Die Rosinen mit Doppelkorn beträufeln und
etwa 2 Stunden durchziehen lassen.
2. Die Melone halbieren
und die Kerne entfernen.
Mit einem Kugelausstecher aus dem Fruchtfleisch kleine Kugeln herauslösen.
3. Die Orange filetieren
(siehe Beschreibung ganz
links). Die verbliebenen
Fruchtreste mit der Hand
auspressen und den Saft
auffangen.
4. Die Orangenfilets mit
den Melonenkugeln
mischen. Die Früchte der
Saison nach Bedarf zerkleinern und dazugeben.
5. Den Zitronensaft mit
dem aufgefangenen Orangensaft mischen und mit
der Frutilose süßen. Die
eingelegten Rosinen hinzufügen und den Obstsaft
mit den vorbereiteten
Früchten mischen.
6. Den Cocktail in die
Melonenhälften füllen,
mit den Minzeblättchen
dekorieren und vor dem
Servieren kalt stellen.
(auf dem Foto:
oben rechts)

ca. 105 kcal • 435 kJ

Fruchtige Buttermilchspeise

Zubereitungszeit:
ca. 25 Min.

Für 2 Personen

8 Blatt weiße Gelatine
300 g geputzte Erdbeeren
300 g Buttermilch
5 EL Frutilose
6 Erdbeeren zum
Garnieren

1. Die Gelatine für etwa
10 Minuten in kaltem Wasser quellen lassen.
2. Inzwischen die Erdbeeren mit dem Schneidstab
pürieren. Das Erdbeerpüree dann mit der Buttermilch und der Frutilose
verrühren.
3. Nun die Gelatine ausdrücken und in einem
Topf bei geringer Hitzezufuhr auflösen. Sie dann in
einem dünnen Strahl in
die Buttermilchmischung
gießen und gut darunterrühren. Das Dessert in
Gläser füllen und im
Kühlschrank erstarren
lassen. Es dann mit den
frischen Erdbeeren
garnieren.
(auf dem Foto: oben links)

ca. 235 kcal • 985 kJ

Heidelbeershake

Zubereitungszeit:
ca. 5 Minuten

Für 1 Person

150 g Joghurt (3,5 % Fett)
150 g Heidelbeeren
(frisch oder tiefgekühlt)
1 Msp. Vanillemark
2 TL Kokosraspel

1. Joghurt, Heidelbeeren und Vanillemark zusammen im Mixer oder mit dem Schneidstab pürieren.
2. Den Shake mit den Kokosraspeln verrühren, in ein recht hohes Glas füllen und sofort servieren.
(auf dem Foto: oben)

ca. 265 kcal • 1125 kJ

Gebratene Banane

Zubereitungszeit:
ca. 10 Minuten

Für 1 Person

1 TL Butter oder
ungehärtete Margarine
1 Banane
1 TL flüssiger Honig

1. Eine beschichtete Pfanne erhitzen und die Butter oder die Margarine darin zerlassen. Die Banane schälen, hineinlegen und im Fett rundherum goldbraun braten.
2. Die Banane auf einen Teller legen und mit dem Honig beträufeln.
(auf dem Foto: unten)

ca. 145 kcal • 600 kJ

Kiwi-Erdbeer-Salat

Zubereitungszeit:
ca. ¼ Stunde

Für 1 Person

1 Kiwi in Scheiben
150 g Erdbeeren, halbiert
1 EL Orangensaft oder
Orangenlikör
1 TL gehackte Haselnüsse
einige Blättchen
Zitronenmelisse

1. Kiwi und Erdbeeren
hübsch anrichten.
2. Das Obst mit dem
Orangensaft oder dem
Likör beträufeln und mit
den Nüssen bestreuen.
Den Salat mit Zitronen-
melisse garnieren.
(auf dem Foto: oben)

ca. 150 kcal • 630 kJ

Orangenscheiben mit Nüssen

Zubereitungszeit:
ca. ¼ Stunde

Für 1 Person

1 Orange
1 EL gehackte Walnüsse
einige Tropfen
Zitronensaft
1 EL Orangenlikör

1. Die Orange sorgfältig
schälen, dabei auch die
weiße Haut vollständig
entfernen. Dann die
Orange in dünne Schei-
ben schneiden und auf
einen flachen Teller legen.
2. Die Orangenscheiben
mit den Walnüssen
bestreuen und mit dem
Zitronensaft sowie dem
Likör beträufeln.
(auf dem Foto: unten)

ca. 155 kcal • 650 kJ

Vorspeisensalate und -suppen

Viele Rezeptideen zu knackig-frischen Salaten und köstlichen Suppen sollen Abwechslung in Ihren Küchenalltag bringen. Die Farben der Rezeptüberschriften helfen Ihnen, wie auch in allen anderen Kapiteln dieses Buches, richtig zu kombinieren: Rot mit Rot, Blau mit Blau und Grau mit beiden.

Eine der wichtigsten Empfehlungen in der Trennkost lautet: Essen Sie viel frisches Gemüse. Wenn Sie zum Beispiel vor dem Mittagessen einen großen Salat zu sich neh-

men, tun Sie schon einen wichtigen Schritt in die richtige Richtung. Besonders in rohem Gemüse und in Salaten stecken viele Vitamine, Mineral- und Ballaststoffe, aber nur wenige Kalorien. Es kommt hinzu, daß ein vor dem Hauptgericht gegessener Salat sättigt und es dann all denjenigen, die auf ihre Linie achten müssen, leichter fällt, bei nachfolgenden Speisen maßzuhalten.

Feldsalat mit fruchtiger Sauce

Zubereitungszeit:
ca. ½ Stunde

Für 2 Personen

Für den Salat:

125 g junger Feldsalat

3 Möhren

2 EL ungeschwefelte

Rosinen

Für die Sauce:

1 säuerlicher Apfel
(z. B. Boskop)

1 EL Zitronensaft

Saft von 1 Orange

175 g Sahnedickmilch

1 EL Frutilose
(Obstdicksaft aus dem
Reformhaus)

1 TL Kräutersalz

1 Msp. Cayennepfeffer

Außerdem:

2 EL Sonnenblumenkerne

1. Den Salat verlesen, putzen, gründlich waschen und trockenschwenken. Dabei sollten die Salatpflänzchen möglichst ganz bleiben.
2. Die Rosinen heiß abspülen und gut abtropfen lassen. Die Möhren putzen, schaben, fein raspeln und zusammen mit den Rosinen zum Salat geben.
3. Für die Sauce den Apfel schälen, vierteln, das Kerngehäuse herausschneiden und die Apfelstücke sehr fein raspeln. Alles sofort mit Zitronensaft beträufeln, damit sich die Äpfel nicht bräunlich verfärben.

4. Den Orangensaft zusammen mit der Dickmilch gut verrühren. Den geriebenen Apfel hinzufügen und alles mit der Frutilose, dem Salz und dem Cayennepfeffer würzig abschmecken.
5. Die Sauce über den Salat gießen und das Ganze mit den Sonnenblumenkernen bestreuen.

ca. 350 kcal • 1465 kJ

Variation
Der Feldsalat kann gegen die gleiche Menge jungen Blattspinat ausgetauscht werden.

Knackiger Salat mit Roastbeef

Zubereitungszeit:
ca. ½ Stunde

Für 2 Personen

Für den Salat:

1 kleiner Eisbergsalat
10 Radieschen
1 gelbe Paprikaschote
3 reife Tomaten
1 Bund Rucolasalat
(Rauke)

Für die Marinade:

1 EL kaltgepreßtes
Olivenöl
1 ½ EL vergorenes
Molkekonzentrat
(Molkosan aus dem
Reformhaus)
4 EL süße Sahne
5 EL frisch gehackte
Petersilie
1 TL Kräutersalz

Außerdem:

100 g Roastbeef
in Scheiben
1 hartgekochtes Ei

1. Den Eisbergsalat putzen, waschen, trockentupfen und die Blätter in Stücke zupfen. Die Radieschen putzen, waschen und in dünne Scheiben schneiden.
2. Die Paprikaschote waschen, trockenreiben, halbieren, entkernen und in kleine Würfel schneiden. Die Tomaten waschen, trockenreiben, von den Stielansätzen befreien und fein würfeln.
3. Den Rucolasalat verlesen, putzen, waschen, trockenschwenken und die Blätter quer in Streifen schneiden.
4. Öl, Molkekonzentrat, etwa 130 ml Wasser und Sahne miteinander verrühren. Die Petersilie dazugeben und alles mit dem Salz würzig abschmecken.
5. Alle vorbereiteten Salatzutaten in eine Schüssel geben und zusammen mit der Marinade mischen.
6. Das Roastbeef in feine Streifen schneiden, das Ei pellen, achteln und den Salat mit beidem hübsch garnieren.

ca. 365 kcal • 1530 kJ

Tip
Rucolasalat, auch Rauke genannt, ist mit Rettich und Radieschen verwandt und schmeckt intensiv würzig. Die Blätter sollten stets fest und dunkelgrün sein.

Salat Waldecker Art

Zubereitungszeit:
ca. 40 Min.

Für 4 Personen

800 g gemischtes,
geputztes Gemüse,
bestehend aus 16 Gemüse-
sorten: Karotten, Gurke,
Tomaten, Champignons,
Blumenkohl, Radieschen,
Paprika, Fenchel, Zwiebel,
Eisbergsalat, Radicchio,
Zucchini, Sojabohnen-
sprossen, Weißkohl, Kohl-
rabi und Rettich

Für die Sauce:
175 g Sahnedickmilch
1½ EL vergorenes Molke-
konzentrat (Molkosan)
2 TL Kräutersalz
1 EL Frutilose
1 EL kaltgepreßtes
Sonnenblumenöl
nach Belieben
1 Knoblauchzehe
3 EL gehackte Kräuter
(Basilikum, Petersilie)

1. Das Gemüse fein zerkleinern und in einer
Schüssel mischen.
2. Die Sahnedickmilch
mit dem Molkekonzen-
trat, dem Kräutersalz und
der Frutilose gut verrüh-
ren. Die Sauce mit etwa
100 ml Wasser verdünnen
und das Öl darunterschla-
gen. Nach Belieben die
Knoblauchzehe durch
eine Presse dazudrücken.
3. Die Kräuter zur Sauce
geben und alles mit den
Salatzutaten mischen.
(auf dem Foto: oben)

ca. 105 kcal • 440 kJ

Rote-Bete-Salat

Zubereitungszeit:
ca. ¾ Std.

Für 2 Personen

2 rote Beten
(600 g küchenfertig)

Für die Sauce:
1 EL vergorenes Molke-
konzentrat (Molkosan)
3 EL saure Sahne
1 TL Kräutersalz
1 TL Kümmel
1 EL kaltgepreßtes
Sonnenblumenöl
1 kleine Zwiebel

Außerdem:
2 El gehackte Petersilie

1. Die Blattansätze der
roten Beten abschneiden
und die ganzen Knollen
in wenig Wasser in 20 bis
25 Minuten garen (große
Knollen benötigen bis zu
¾ Stunden).
2. Die roten Beten etwas
abkühlen lassen und dann
die Haut abziehen. Die
Knollen in kleine Würfel
schneiden.
3. Für die Sauce das Molkekonzentrat mit 6 Eßlöf-
feln Wasser und der sau-
ren Sahne gut verquirlen.
Das Kräutersalz und den
Kümmel in die Sauce rüh-
ren und das Öl darunter-
schlagen.
4. Die Zwiebel schälen,
sehr fein würfeln und zu
der Sauce geben. Die
Rote-Bete-Würfel mit der
Sauce mischen und die
Petersilie darüberstreuen.
(auf dem Foto: Mitte)

ca. 210 kcal • 885 kJ

Rohkost mit Nüssen

Zubereitungszeit:
ca. 25 Min.

Für 1–2 Personen

1 Bund Radieschen
1 kleiner Kopf Lollo rosso
125 g Sojabohnen-
sprossen (selbstgezogen,
siehe Seite 21, oder
gekauft)

Für die Sauce:
1 kleine Zwiebel
2 TL vergorenes Molke-
konzentrat (Molkosan)
1 TL Kräutersalz
1 EL kaltgepreßtes
Sonnenblumenöl

Außerdem:
2 EL gehackte Mandeln

1. Die Radieschen putzen
und in sehr feine Stifte
schneiden.
2. Den Lollo rosso putzen
und die Blätter in mund-
gerechte Stücke zupfen.
3. Die Sojabohnensprossen waschen, verlesen
und gut abtropfen lassen.
Alle vorbereiteten Zutaten
mischen.
4. Nun die Zwiebel schälen und sehr fein würfeln.
5. Das Molkekonzentrat
mit etwa 100 ml Wasser
mischen und mit dem
Kräutersalz würzen. Das
Öl darunterschlagen, die
Zwiebelwürfel hinzufügen
und die Sauce über die
Salatzutaten gießen. Den
Salat mit den Mandeln
bestreuen.
(auf dem Foto: unten)

ca. 75 kcal • 325 kJ

Tomatensalat „Korsika"

Zubereitungszeit:
ca. 20 Minuten

Für 2 Personen

| 500 g reife Tomaten |
| 120 g milder Schafskäse in Lake eingelegt |
| 1 ½ EL kaltgepreßtes Olivenöl |
| 1 durchgepreßte Knoblauchzehe |
| 3 EL gehacktes Basilikum |
| ½ TL Meersalz |

1. Die Tomaten waschen, trockenreiben, die Stielansätze entfernen und die Früchte in kleine Würfel schneiden. Den Schafskäse mit einer Gabel zerdrücken und zu den Tomaten geben.
2. Das Öl mit etwa 4 Eßlöffeln Wasser mischen, den Knoblauch und das Basilikum darunterrühren.
3. Die Marinade leicht salzen und über den Tomatensalat gießen.
(auf dem Foto: links)

ca. 270 kcal • 1130 kJ

Tip
Zusammen mit einigen Oliven und Pittabrot („Pitta mit Gemüsefüllung", S. 100) erhalten Sie ein kohlenhydratreiches Hauptgericht.

Möhrenfrischkost

Zubereitungszeit:
ca. ¼ Stunde

Für 2 Personen

500 g Möhren
2 TL vergorenes
Molkekonzentrat
(Molkosan aus dem
Reformhaus)
1 EL kaltgepreßtes
Sonnenblumenöl
50 g süße Sahne
etwas Kräutersalz
4 EL fein gehackte
Blattpetersilie

1. Die Möhren putzen,
schaben, waschen, trok-
kentupfen und ganz fein
raspeln.
2. Alle übrigen Zutaten
zusammen mit etwa
100 ml Wasser verrühren
und die Möhren damit
anmachen.
(auf dem Foto: rechts)

ca. 200 kcal • 840 kJ

Variationen
■ Statt Molkosan können
Sie auch die gleiche
Menge Zitronensaft ver-
wenden. Die Frischkost
gehört dann zu Eiweß.
■ Geben Sie mal etwa
1 EL gemahlene Mandeln
oder Haselnüsse unter die
Sauce.

Tip
Das Sonnenblumenöl
macht das Vitamin A aus
den Möhren dem Körper
gut verfügbar.

Gemüseplatte mit Quarkdip

Zubereitungszeit:
ca. 20 Minuten

Für 1 Person

500 g gemischtes rohes
Gemüse (z. B. Salatgurke,
Möhre, Paprikaschote,
Staudensellerie, Fenchel)
125 g Quark (20 % Fett)
½ TL Kräutersalz
einige Salatblätter

1. Das Gemüse putzen,
waschen und in Stifte
schneiden. Den Quark
zusammen mit dem Salz
cremig rühren.
2. Den Quark in ein kleines Schälchen geben. Das
Gemüse zusammen mit
den gewaschenen Salat-
blättern auf einem großen
Teller anrichten. Die Rohkost in den Quark dippen
und essen.
(auf dem Foto: oben)

ca. 195 kcal • 805 kJ

Tip
Wenn Sie möchten, kön-
nen Sie den Dip noch mit
etwas feingehackter
Kresse oder mit Schnitt-
lauchröllchen verfeinern.

Lunchpaket
Das Gericht am Vorabend
wie oben beschrieben
zubereiten. Das Gemüse
in eine Plastiktüte, den
Dip in eine verschließbare
Dose geben und beides
über Nacht in den Kühl-
schrank stellen.

Gemischter Salat

Zubereitungszeit:
ca. ½ Stunde

Für 1 Person

einige Salatblätter
(z. B. Kopf-, Eisberg-,
Frisée- oder Eichblatt-
salat)
2 Tomaten
¼ Salatgurke
½ Bund Radieschen
1 Frühlingszwiebel
2 EL Quark (20 % Fett)
Meersalz
2 EL Schnittlauch-
röllchen

1. Die Salatblätter
waschen und in mund-
gerechte Stücke zerpflük-
ken. Die Tomaten
waschen, putzen und ach-
teln. Gurke, Radieschen
und Frühlingszwiebel put-
zen, waschen und dann
in ganz dünne Scheiben
schneiden.
2. Quark, 1 Eßlöffel Wasser und Salz zu einer
Sauce verrühren, diese
über den Salat gießen und
alles gut mischen. Den
Salat mit Schnittlauch
bestreuen.
(auf dem Foto: Mitte)

ca. 90 kcal • 330 kJ

Mozzarella mit Tomaten

Zubereitungszeit:
ca. ¼ Stunde

Für 1 Person

3 Tomaten
½ Kugel Mozzarella
(ca. 60 g)
Meersalz
½ Bund Basilikum
1 EL vergorenes Molke-
konzentrat (Molkosan)
1 EL kaltgepreßtes
Olivenöl

1. Die Tomaten waschen,
putzen, in dicke Scheiben
schneiden und kreisför-
mig auf einen Teller legen.
Die Mozzarella in dünne
Scheiben schneiden und
diese auf die Tomaten-
scheiben legen.
2. Alles mit Salz würzen
und auf jede Mozzarella-
scheibe ein gewaschenes
Basilikumblättchen legen.
3. Das Molkekonzentrat
mit dem Öl verrühren
und die Mozzarellaschei-
ben damit beträufeln.
(auf dem Foto: unten)

ca. 270 kcal • 1140 kJ

Tip
Mit der restlichen Mozza-
rellahälfte können Sie ein
neutrales oder ein Eiweißgericht überbacken.

Fenchel-Sellerie-Frischkost

Zubereitungszeit:
ca. ³⁄₄ Std.
Zeit zum Durchziehen:
ca. ¹⁄₂ Std.

Für 2 Personen

1 Fenchelknolle
¹⁄₂ Knolle Sellerie
2 säuerliche Äpfel
1 EL Zitronensaft
1 Orange

Für die Sauce:
1 Orange
1 Msp. Cayennepfeffer
1 EL Frutilose
1 TL Kräutersalz
3 EL saure Sahne
2 EL ungeschwefelte
Rosinen
1 EL gehackte Mandeln

1. Die Fenchelknolle halbieren, den Strunk herausschneiden und den Fenchel in feine Streifen schneiden.
2. Die halbe Sellerieknolle schälen und auf einer Rohkostreibe fein raspeln.
3. Nun die Äpfel vierteln, die Kerngehäuse entfernen und die Früchte in dünne Spalten schneiden. Alle vorbereiteten Zutaten mischen und mit dem Zitronensaft beträufeln, damit sie nicht braun werden.
4. Die Schale der Orange abschneiden und auch die weiße Haut entfernen. An den Zwischenhäuten einschneiden und die Filets herauslösen (siehe auch Seite 46). Die Filets zu den Salatzutaten geben.
5. Für die Salatsauce die zweite Orange auspressen und den Saft mit dem Cayennepfeffer, der Frutilose, dem Kräutersalz und der sauren Sahne gut verrühren.

6. Die Sauce über den Salat gießen, ihn mit den Rosinen und den Mandeln bestreuen und dann etwa ¹⁄₂ Stunde lang durchziehen lassen.
(auf dem Foto: unten)

ca. 275 kcal • 1145 kJ

Möhren-Birnen-Frischkost

Zubereitungszeit:
ca. 20 Min.

Für 1 Person

2 Möhren
1 Birne
1 EL Zitronensaft

Für die Sauce:
75 g Joghurt (3,5 % Fett)
2 EL süße Sahne
1 EL Frutilose

Außerdem:
1 EL grob gehackte
Mandeln

1. Die Möhren schälen und in sehr feine Stifte schneiden.
2. Die Birne halbieren, das Kerngehäuse entfernen und das Fruchtfleisch in kleine Würfel schneiden. Sie mit den Möhrenstiften mischen und alles mit dem Zitronensaft beträufeln.
3. Den Joghurt mit der Sahne und der Frutilose verrühren und unter die Rohkost mischen. Sie mit den gehackten Nüssen bestreuen.
(auf dem Foto: Mitte links)

ca. 315 kcal • 1320 kJ

Allgäuer Gemüse-Käse-Salat

Zubereitungszeit:
ca. 25 Min.

Für 1 Person

1 rote Paprikaschote
1 Zwiebel
7 schwarze Oliven
2 Tomaten
50 g Allgäuer Emmentaler

Für die Sauce:
2 TL vergorenes Molkekonzentrat (Molkosan)
2 EL süße Sahne
1 TL Kräutersalz
1 TL Frutilose
1 EL kaltgepreßtes
Olivenöl

Außerdem:
2 EL Schnittlauchröllchen

1. Das Kerngehäuse der Paprikaschote entfernen und die Schote in feine Streifen schneiden. Die Zwiebel schälen und in dünne Ringe schneiden. Beides nach Belieben kurz blanchieren und kalt abschrecken.
2. Die Oliven entsteinen. Die Stielansätze der Tomaten entfernen und sie fein würfeln.
3. Den Käse in Streifen schneiden und dann alle vorbereiteten Zutaten mischen.
4. Das Molkekonzentrat mit 100 ml Wasser und der Sahne gut verrühren. Die Sauce mit dem Kräutersalz würzen und mit der Frutilose leicht süßen und zuletzt das Olivenöl darunterschlagen.
5. Die Sauce über den Salat gießen und ihn mit den Schnittlauchröllchen bestreuen.
(auf dem Foto: Mitte rechts)

ca. 445 kcal • 1865 kJ

Feine Sellerie- frischkost

Zubereitungszeit:
ca. 25 Min.

Für 2 Personen

½ Knolle Sellerie
2 große säuerliche Äpfel
1 EL Zitronensaft
6 Walnußkerne
70 g ungeschwefelte Rosinen
175 g Sahnedickmilch
1 TL Kräutersalz

1. Die halbe Sellerie-knolle schälen, in feine Stifte schneiden oder raspeln.
2. Die Äpfel vierteln, die Kerngehäuse entfernen und das Fruchtfleisch grob raspeln. Den Sellerie und die Äpfel mischen und alles mit dem Zitro-nensaft beträufeln.
3. Die Walnüsse grob hak-ken und zusammen mit den Rosinen zur Sellerie-Apfel-Mischung geben.
4. Zuletzt die Sahnedick-milch darunterziehen, alles mit dem Kräutersalz würzen und gut mischen. (auf dem Foto: oben)

ca. 295 kcal • 1230 kJ

Chicoréesalat mit Avocadocreme

Zubereitungszeit:
ca. ½ Stunde

Für 1 Person

1 kleine Staude Chicorée
1 Avocado
½ Pfirsich
evtl. 50 g ausgelöste Krabben
einige Tropfen Zitronensaft
Meersalz
1 EL Joghurt (3,5 % Fett)
1 EL Zitronensaft
1 EL gehackter Dill

1. Den Chicorée waschen, putzen und den bitteren Strunk unten keilförmig herausschneiden. Einige Chicoréeblätter abzupfen, die restliche Staude in Streifen schneiden. Die Chicoréeblätter kreisförmig auf einen Teller legen, die Streifen in die Mitte geben.
2. Die Avocado schälen und der Länge nach halbieren. Die eine Hälfte und den entsteinten Pfirsich zusammen in dünne Scheiben schneiden. Beides auf die Chicoréestreifen legen. Wer will, kann noch 50 g Krabben dazugeben. Den Salat mit Zitronensaft beträufeln und mit Salz würzen.
3. Die zweite Avocadohälfte zerkleinern und in einem Becher zusammen mit Joghurt, Zitronensaft, Dill und Salz mit dem Schneidstab zu einer Creme pürieren.
4. Die Avocadocreme als Klecks auf die Avocado- und die Pfirsichscheiben geben. Sofort servieren.

---

ca. 310 kcal • 1285 kJ
(ohne Krabben)

---

ca. 350 kcal • 1460 kJ
(mit Krabben)

Tip
Die Avocado ist die einzige Frucht, die viel Fett enthält, allerdings hochwertiges.

Salat mit Fleischbällchen

Zubereitungszeit:
ca. ½ Stunde

Für 1 Person

Für die Fleischbällchen:

1 Zwiebel

100 g Tatar

50 g Quark (20 % Fett)

1 EL Mineralwasser

1 EL gehackte Petersilie

Meersalz

einige Tropfen Öl

Für den Salat:

½ Kopfsalat

2 Tomaten

¼ Salatgurke

150 g Joghurt

Meersalz

2 EL gehackter Dill

1. Die Zwiebel schälen und fein würfeln. Das Tatar mit der Zwiebel, dem Quark, dem Mineralwasser und der Petersilie zu einem Teig verkneten. Diesen mit Salz würzen. Eine Weile ruhen lassen.
2. Dann kleine Bällchen aus dem Fleischteig formen. Eine beschichtete Pfanne erhitzen und mit dem Öl auswischen. Die Fleischbällchen darin rundherum braun braten. Sie anschließend etwas abkühlen lassen.
3. Inzwischen den Kopfsalat verlesen, waschen und in Stücke zupfen. Die Tomaten waschen, putzen und achteln; die Gurke waschen und in Scheiben schneiden.

4. Joghurt, 2 Eßlöffel Wasser, Salz und Dill zu einer Salatsauce verrühren. Die Salatzutaten und die Fleischbällchen unter die Sauce heben.

ca. 265 kcal • 1100 kJ

Flädlesuppe

Zubereitungszeit:
ca. ¼ Std.

Für 2 Personen

Für die Flädle:

40 g süße Sahne

1 frisches Eigelb

½ TL Meersalz

1 Msp. geriebene
Muskatnuß

50 g feines Weizen- oder
Dinkelvollkornmehl

2 EL kaltgepreßtes
Sonnenblumenöl

Für die Suppe:

1 l vegetarische Gemüse-
brühe (aus Instantpulver
zubereitet)

Außerdem:

1 EL Schnittlauch-
röllchen

1 EL feingehackte
Petersilie

1 TL frischer gehackter
oder getrockneter
Liebstöckel

1. Die Sahne zusammen
mit 130 ml Wasser und
dem Eigelb in eine Schüs-
sel geben und alles mit
einem Schneebesen ver-
quirlen. Das Meersalz
und die Muskatnuß dazu-
geben.
2. Das Vollkornmehl nach
und nach hinzufügen und
alles zu einem glatten Teig
verrühren.
3. 1 Eßlöffel Öl in einer
beschichteten Pfanne
nicht zu stark erhitzen,
die Hälfte des Teiges hineingeben, gleichmäßig
verteilen und zu einem
dünnen Pfannkuchen bak-
ken. Mit der zweiten Teig-
hälfte ebenso verfahren.
4. Die Pfannkuchen
abkühlen lassen und in
dünne Streifen (Flädle)
schneiden.
5. Die Gemüsebrühe
erhitzen, mit Meersalz
abschmecken und die
Flädle hineingeben. Die
Kräuter zuletzt in die
Suppe streuen.

ca. 315 kcal • 1325 kJ

Paprikarahmsuppe

Zubereitungszeit:
ca. 35 Min.

Für 2 Personen

1 Zwiebel
1 rote Paprikaschote
1 gelbe Paprikaschote
1 EL Butter
1 EL feines Dinkel-vollkornmehl
³⁄₈ l vegetarische Gemüse-brühe (aus Instantpulver zubereitet)
4 EL süße Sahne
1 EL gehackte Petersilie

1. Die Zwiebel schälen und fein würfeln.
2. Die Kerngehäuse der Paprikaschoten entfernen und das Fruchtfleisch in Streifen schneiden. Einige Paprikastreifen für die Garnitur beiseite legen.
3. Die übrigen Paprika-streifen zusammen mit den Zwiebelwürfeln etwa 5 Minuten in der Butter andünsten.
4. Dann das Vollkornmehl darüberstäuben, leicht anschwitzen und die Ge-müsebrühe unter Rühren dazugießen.

5. Das Ganze dann etwa 10 Minuten köcheln lassen. Die Suppe nach Belieben mit einem Schneidstab pürieren. Sie zuletzt mit der Sahne ver-feinern.
6. Die zurückbehaltenen Paprikastreifen hinzufü-gen, kurz mit erwärmen und die Petersilie über die Suppe streuen.

ca. 150 kcal • 620 kJ

Gemüse mit Käse

Zubereitungszeit:
ca. ½ Stunde

Für 1 Person

1 kleine Zucchini
1 Paprikaschote
2 Frühlingszwiebeln
100 g kleine Champignons
1 Knoblauchzehe
1 EL kaltgepreßtes Olivenöl
½ TL vegetarische Gemüsebrühe (Instantpulver)
1 EL vergorenes Molke-konzentrat (Molkosan)
Meersalz
1 EL gehacktes Basilikum
40 g geriebener Käse (60 % Fett)

1. Zucchini, Paprika-schote und Frühlings-zwiebeln putzen, waschen und kleinschneiden. Die Champignons kurz wa-schen, putzen und nur größere Pilze halbieren. Die Knoblauchzehe schä-len und fein würfeln.
2. Das Öl in eine heiße beschichtete Pfanne geben und das Gemüse sowie den Knoblauch darin kurz braten.
3. Dann 2 Eßlöffel Was-ser, die Instant-Gemüse-brühe und das Molkekon-zentrat dazugießen. Alles mit Salz und Basilikum würzen und einmal auf-kochen lassen.
4. Das Gemüse auf einem Teller anrichten und mit dem Käse bestreuen.
(auf dem Foto: links)

ca. 340 kcal • 1415 kJ

Brokkolicreme-suppe

Zubereitungszeit:
ca. ½ Stunde

Für 1 Person

150 g Brokkoli
½ TL vegetarische Gemüsebrühe (Instantpulver)
1 EL saure Sahne
Meersalz
geriebene Muskatnuß

1. Den Brokkoli putzen, waschen und kleinschnei-den. Einige Röschen bei-seite legen. Den restlichen Brokkoli in ¼ l Wasser zusammen mit der Instant-Gemüsebrühe in ungefähr 20 Minuten sehr weich kochen.
2. Dann die Suppe mit einem Schneidstab pürie-ren, mit der Sahne verfei-nern und mit Salz und Muskat feinwürzig ab-schmecken.

3. Die zurückbehaltenen Brokkoliröschen kurz in der Suppe erwärmen.
(auf dem Foto: Mitte)

ca. 120 kcal • 500 kJ

Gemüse mit Joghurtsauce

Zubereitungszeit:
ca. ½ Stunde

Für 1 Person

1 Zwiebel
2 Knoblauchzehen
1 rote Paprikaschote
1 kleine Zucchini
150 g Champignons
1 Tomate
1 EL kaltgepreßtes
Olivenöl
Meersalz, 75 g Joghurt
1 TL saure Sahne
2 EL gemischte, gehackte
Kräuter oder 1 Päckchen
TK-Salatkräuter

1. Die Zwiebel schälen und achteln; die eine Knoblauchzehe schälen und fein würfeln. Die Paprikaschote vierteln, putzen, waschen und in große Stücke schneiden. Die Zucchini waschen, putzen und in dünne Scheiben schneiden. Die Champignons kurz waschen, putzen und halbieren; die gewaschene Tomate achteln.
2. Das Öl in einem großen Topf erhitzen und die Zwiebel darin anbraten. Paprikaschote, Zucchini und Champignons dazugeben und alles etwa 5 Minuten braten.

3. 1 Eßlöffel Wasser dazugeben und alles etwa 10 Minuten zugedeckt köcheln lassen. Dann die Tomaten dazugeben und etwa 2 Minuten mitköcheln lassen. Das Gemüse mit Salz abschmecken.
4. Den Joghurt mit der Sahne, der zweiten geschälten und zerdrückten Knoblauchzehe sowie mit Salz und Kräutern verrühren. Das Gemüse auf einem Teller anrichten und die Sauce darübergeben.
(auf dem Foto: rechts)

ca. 250 kcal • 1040 kJ

Tip
Dieses Gericht schmeckt sowohl warm als auch kalt sehr gut. Es eignet sich auch als Gemüseportion zu einem Geflügel- oder Fleischgericht.

Sellerierahmsuppe

Zubereitungszeit:
ca. 25 Min.

Für 2 Personen

1 kleine Knolle Sellerie
(250 g küchenfertig)
½ l vegetarische
Gemüsebrühe (aus
Instantpulver zubereitet)
4 EL süße Sahne
2 EL gehackte Petersilie

1. Die Sellerieknolle schälen und würfeln. Zartes
Selleriegrün für die Garnitur beiseite legen.
2. Die Selleriewürfel in
etwa 10 Minuten in der
Gemüsebrühe im ge-
schlossenen Topf garen.
3. Das Ganze anschließend mit dem Schneid-
stab pürieren und mit der
Sahne verfeinern. Die
Petersilie über die Suppe
streuen und sie mit dem
Selleriegrün garnieren.
(auf dem Foto: Mitte)

ca. 210 kcal • 895 kJ

Tip
Die im Rezept angege-
bene Menge ergibt für
eine Person ein Haupt-
gericht.

Paprika-Kraut-Suppe

Zubereitungszeit:
ca. 40 Min.

Für 2 Personen

1 rote Paprikaschote
1 Zwiebel
1 EL kaltgepreßtes Sonnenblumenöl
5 Tomaten
2 TL vegetarische Gemüse-brühe (Instantpulver)
1 TL Paprikapulver rosenscharf
100 g Sauerkraut
2 EL süße Sahne
2 EL gehackte Petersilie oder Schnittlauchröllchen

1. Das Kerngehäuse der Paprikaschote entfernen und das Fruchtfleisch in feine Streifen schneiden.
2. Die Zwiebel schälen und in Ringe schneiden. Die Paprikastreifen und die Zwiebelringe in dem Sonnenblumenöl etwa 5 Minuten andünsten.
3. In der Zwischenzeit die Tomaten vierteln und die Stielansätze entfernen. Das Fruchtfleisch mit dem Schneidstab pürieren und das Püree nach Belieben durch ein Sieb streichen.
4. Das Tomatenmus mit der Instantbrühe und dem Paprikapulver abschmek-ken und es unter das Ge-müse rühren.
5. Das Sauerkraut klein-schneiden und zur Suppe geben. Alles zugedeckt bei geringer Hitzezufuhr etwa 10 Minuten köcheln lassen. Eventuell etwas Wasser hinzufügen.
6. Die Suppe mit der Sahne verfeinern und mit Petersilie oder Schnitt-lauchröllchen bestreuen.
(auf dem Foto: oben)

ca. 240 kcal • 1005 kJ

Ländliche Tomatensuppe

Zubereitungszeit:
ca. ¾ Std.

Für 2 Personen

1 Stück Knollensellerie
1 große Möhre
1 kleine Zwiebel
1 EL kaltgepreßtes Olivenöl
6 reife Tomaten
2 TL vegetarische Gemüsebrühe (Instant-pulver)
1 TL Pizzagewürz
1 Msp. Cayennepfeffer
3 EL süße Sahne
1 Zweig Basilikum

1. Den Sellerie, die Möhre und die Zwiebel schälen und in kleine Würfel schneiden. Das Olivenöl in einem Topf nicht zu stark erhitzen und die Gemüsewürfel darin an-dünsten.
2. Die Stielansätze der Tomaten entfernen und die Früchte mit dem Schneidstab pürieren. Das Püree nach Belieben durch ein Sieb streichen.
3. Das Tomatenmus zu den Gemüsewürfeln geben und dann alles bei geringer Hitzezufuhr etwa 12 Minuten köcheln lassen. Eventuell etwas Wasser hinzufügen.
4. Die Suppe anschlie-ßend mit dem Schneid-stab pürieren. Sie mit der Instantbrühe, dem Pizzagewürz und dem Cayennepfeffer würzen, mit der Sahne verfeinern und mit Basilikumblätt-chen garnieren.
(auf dem Foto: unten)

ca. 165 kcal • 695 kJ

Kohlenhydratreiche Hauptgerichte

*D*ie bunte Vielfalt an Rezepten in diesem Kapitel zeigt Ihnen nur einen Ausschnitt der Möglichkeiten. Sie finden hier köstliche Kartoffel-, Nudel- und Reisgerichte, verlockende pikante Kuchen, aber auch reichhaltige Salate und süße Hauptgerichte.

*P*robieren Sie Neues aus, oder holen Sie sich Anregungen, um Altbewährtes variieren zu können. Der Trennungsplan auf den Seiten 14 und 15 zeigt Ihnen, welche Lebensmittel für die Zubereitung eines kohlenhydratreichen Gerichtes zur Verfügung stehen. Sie können mit ihnen darüber hinaus alle neutralen Lebensmittel und Speisen beliebig kombinieren.

*S*ie werden sehen: Es muß nicht immer Fleisch auf dem Tisch stehen. Auch mit Gemüse, Nudeln, Reis und anderem Getreide kann man seine Familie vortrefflich verwöhnen.

*S*ie finden in diesem Kapitel auch eine Reihe von gehaltvolleren Salaten, die man leicht vorbereiten kann und die sich gut zum Mitnehmen eignen. So kann man auch als Berufstätige(r) gesund, abwechslungsreich und mit viel Genuß essen.

Sauerkrauteintopf

Zubereitungszeit:
ca. ¾ Stunden

Für 1 Person

1 Kartoffel
2 süßliche, mürbe Äpfel
½ TL vegetarische
Gemüsebrühe
(Instantpulver)
2 Lorbeerblätter
5 Gewürznelken
2 Zwiebeln
150 g Sauerkraut
1 Frühlingszwiebel
2 TL Butter

1. Kartoffel und Äpfel schälen. Die Kartoffel würfeln. Die Äpfel vierteln, entkernen und ebenfalls würfeln. Einige Apfelwürfel beiseite legen. Die restlichen zusammen mit den Kartoffelwürfeln, ¼ l Wasser, der Instant-Gemüsebrühe, den Lorbeerblättern und 1 mit den Gewürznelken gespickten, geschälten Zwiebel in einem Topf etwa ¼ Stunde kochen lassen. Das Ganze dabei einige Male vorsichtig umrühren.

2. Dann das Sauerkraut dazugeben und den Eintopf bei schwacher Hitze ungefähr 20 Minuten zugedeckt köcheln lassen.
3. In der Zwischenzeit die zweite Zwiebel schälen und würfeln. Die Frühlingszwiebel putzen, waschen und schräg in Ringe schneiden. Die Butter in einer beschichteten Pfanne zerlassen und die Zwiebel darin unter Rühren hellbraun braten. Dann die Frühlingszwiebel dazugeben und kurz mitbraten.

4. Die Lorbeerblätter und die gespickte Zwiebel aus dem Eintopf nehmen und die beiseite gelegten Apfelwürfel in den Eintopf geben. Die gebratenen Zwiebeln auf dem Eintopf verteilen.

ca. 290 kcal • 1205 kJ

Bauernfrühstück

Zubereitungszeit:
ca. ½ Stunde

Für 1 Person

3 gekochte Pellkartoffeln vom Vortag
2 Frühlingszwiebeln
2 frische Eigelbe
3 EL Mineralwasser
Meersalz
2 TL Butter oder ungehärtete Margarine
3 Tomaten
1 EL Schnittlauchröllchen
1 EL gehackte Petersilie

1. Die Kartoffeln pellen und in Scheiben schneiden. Die Frühlingszwiebeln putzen, waschen und in Ringe schneiden. Die Eigelbe mit Mineralwasser und Salz verquirlen.
2. Kartoffelscheiben und Zwiebelringe in einer beschichteten Pfanne ohne Fettzugabe anrösten. Die Butter oder die Margarine dazugeben und die Kartoffeln fertigbraten.
3. Die Eimischung über die Kartoffeln gießen und unter gelegentlichem Wenden stocken lassen.

4. Inzwischen die Tomaten waschen, putzen und achteln. Das Bauernfrühstück mit den Schnittlauchröllchen bestreuen und zusammen mit den Tomaten auf einem Teller anrichten. Die Tomaten mit Salz und Petersilie bestreuen.

ca. 355 kcal • 1495 kJ

Tip
Wenn Sie die Bratkartoffeln (wie hier im Rezept beschrieben) in einer beschichteten Pfanne erst ohne Fettzugabe anrösten und sie dann in etwas Butter oder Margarine zu Ende braten, sparen Sie viel Fett, denn die Kartoffeln saugen dann nicht so viel Bratfett auf.

Kartoffel-Mandel-Rösti

Zubereitungszeit:
ca. ¾ Stunden

Für 2 Personen

400 g festkochende
Kartoffeln
ca. 13 abgezogene
Mandelkerne
1 Zwiebel
100 g frische
Champignons
2 TL Butter
1 frisches Eigelb
1 EL vegetarische
Gemüsebrühe
(Instantpulver)
½ TL Muskatnußpulver
1 ½ EL ungehärtetes
Kokosfett
(aus dem Reformhaus)

1. Die Kartoffeln gründlich waschen, in reichlich Wasser als Pellkartoffeln in etwa 20 Minuten bißfest garen, dann abgießen und erkalten lassen.
2. In der Zwischenzeit die Mandeln grob hacken. Die Zwiebel schälen und fein würfeln. Die Pilze putzen, waschen, trockenreiben und in kleine Würfel schneiden.
3. Die Butter in einer Pfanne schmelzen lassen und Mandelsplitter, Zwiebel- sowie Pilzwürfel darin kurz dünsten. Das Ganze beiseite stellen.
4. Die Kartoffeln pellen, grob reiben. Die Mandel-Pilz-Zwiebel-Mischung zusammen mit dem Eigelb zu den Kartoffeln geben. Alles gut mischen und mit der Brühe sowie dem Muskatnußpulver würzen.
5. Mit angefeuchteten Händen aus der Kartoffelmasse 6 kleine, flache Küchlein formen und diese im erhitzten Kokosfett von beiden Seiten so lange braten, bis sie knusprig sind.

ca. 380 kcal • 1590 kJ

Beilagentip
Wählen Sie zum Rösti den Tomatensalat „Korsika" oder eine Möhrenfrischkost (Seite 56 und 57).

Bunte Kartoffelpfanne

Zubereitungszeit:
ca. ¾ Stunden

Für 2 Personen

400 g Kartoffeln
1 Zwiebel
150 g frische
Champignons
1 rote Paprikaschote
2 EL Butter
150 g grüne TK-Erbsen
1 TL Kräutersalz
½ TL Muskatnuß-
pulver
2 EL saure Sahne

1. Die Kartoffeln waschen, als Pellkartoffeln in etwa 20 Minuten bißfest garen und anschließend abgießen.
2. In der Zwischenzeit die Zwiebel schälen und fein hacken. Die Pilze putzen, waschen, trockenreiben und in Scheiben schneiden. Die Paprikaschote waschen, trockenreiben, vierteln, entkernen und quer in dünne Streifen schneiden.
3. Die Kartoffeln pellen und grob würfeln. Die Butter in einer Pfanne schmelzen lassen und Zwiebelwürfel, Pilzscheiben, Erbsen sowie Paprikastreifen darin einige Minuten dünsten.
4. Kartoffelwürfel hinzufügen und alles bei geringer Hitze unter Rühren einige Minuten schmoren. Das Ganze mit Salz und Muskatnuß würzen.
5. Die Kartoffelpfanne auf 2 Tellern anrichten und jeweils mit einem Klecks Sahne versehen.

ca. 300 kcal • 1255 kJ

Tip
Wählen Sie als Vorspeise oder Beilage einen neutralen Salat (Seite 54–59).

Pellkartoffeln mit Brokkolidip

Zubereitungszeit:
ca. ½ Stunde

Für 2 Personen

Für die Kartoffeln:
400 g kleine Kartoffeln
1 TL Kümmelsamen

Für den Dip:
250 g Sahnedickmilch
100 g Brokkoliröschen
1 TL Kräutersalz
1–2 durchgepreßte
Knoblauchzehen

Außerdem:
4 EL Schnittlauchröllchen

1. Die Kartoffeln gründlich waschen und zusammen mit dem Kümmel als Pellkartoffeln knapp 20 Minuten garen.
2. In der Zwischenzeit die Dickmilch cremig rühren. Den Brokkoli putzen, waschen, kleinschneiden und zusammen mit dem Salz zur Dickmilch geben.
3. Alles mit einem Schneidstab fein pürieren und nach Belieben mit dem Knoblauch abschmecken.
4. Die Pellkartoffeln zusammen mit dem Brokkolidip servieren und das Ganze mit dem Schnittlauch bestreuen.

ca. 315 kcal • 1320 kJ

Tip
Essen Sie vorweg eine „Brokkolicremesuppe" (Seite 66) und dazu einen Tomatensalat „Korsika" (Seite 56). Beide Gerichte sind neutral.

Möhren-Kartoffel-Eintopf

Zubereitungszeit:
ca. ½ Std.

Für 2 Personen

600 g geschälte Möhren
200 g geschälte Kartoffeln
1 EL vegetarische Gemüse-
brühe (Instantpulver)
½ TL Frutilose
2 TL Butter
3 EL gehackte Petersilie

1. Die Möhren je nach
Größe der Länge nach
vierteln und in Würfel
schneiden. ¼ l Wasser
zum Kochen bringen, die
Möhrenwürfel hinein-
geben und im geschlos-
senen Topf bei mäßiger
Hitzezufuhr ungefähr
5 Minuten lang vorgaren.
2. In der Zwischenzeit die
Kartoffeln in kleine Wür-
fel schneiden und zu den
Möhren geben. Alles wei-
tere 12 bis 15 Minuten
leicht köcheln lassen.
3. Nun die Instantbrühe,
die Frutilose und die Butter hinzufügen und den
Eintopf mit Petersilie
bestreuen.
(auf dem Foto: oben)

ca. 210 kcal • 885 kJ

Würzkartoffeln mit Tsatsiki

Zubereitungszeit:
ca. ¼ Std.
Garzeit im Ofen:
ca. ¾ Std.

Für 1 Person

Für die Kartoffeln:

3 Kartoffeln (200 g)
3 EL kaltgepreßtes
Sonnenblumenöl
4 EL gemischte, gehackte
Kräuter (Majoran,
Basilikum, Salbei)
1 Knoblauchzehe
1 TL Paprikapulver
rosenscharf
1 TL Kräutersalz

Für den Tsatsiki:

150 g Sahnedickmilch
½ TL vergorenes Molke-
konzentrat (Molkosan)
½ TL kaltgepreßtes
Olivenöl
1 Knoblauchzehe
1 Stück Salatgurke (75 g)
Meersalz
1 EL gehackter Dill

1. Die Kartoffeln gründlich abbürsten und mit
Schale in etwa 1 cm dicke
Scheiben schneiden.
2. Das Sonnenblumenöl
mit den Kräutern
mischen, die Knoblauch-
zehe durch eine Presse
dazudrücken und Paprika-
pulver und Salz hinzu-
fügen.

3. Den Backofen auf
200 °C vorheizen. Die Kartoffelscheiben auf beiden
Seiten mit dem Würzöl
bestreichen und auf ein
Backblech legen. Es in
den Ofen schieben und
die Kartoffeln in etwa
¾ Stunden backen.
4. Inzwischen den Tsatsiki
zubereiten. Dafür die
Sahnedickmilch, das
Molkekonzentrat und das
Olivenöl in eine Schüssel
geben und mit dem
Schneebesen verrühren.
5. Die Knoblauchzehe
schälen und durch eine
Presse dazudrücken. Das
Stück Salatgurke schälen
und auf einer Rohkost-
reibe raspeln.
6. Die Gurkenraspel in
die Sahnedickmilch rüh-
ren und alles mit Meersalz
würzen. Den Dill dar-
überstreuen. Die Kartof-
feln zusammen mit dem
Tsatsiki essen.
(auf dem Foto: unten)

ca. 550 kcal • 1880 kJ

Tip

Tsatsiki schmeckt auch
gut auf Vollkornbrot.
1 Portion Tsatsiki enthält
ca. 130 kcal bzw. 550 kJ.

Kartoffelbrei mit Sauerkraut und Röstzwiebeln

Zubereitungszeit:
ca. 35 Min.

Für 2 Personen

5 Kartoffeln
(400 g küchenfertig)
1 EL vegetarische Gemüse-
brühe (Instantpulver)
50 g süße Sahne
500 g Sauerkraut
1 große Gemüsezwiebel
1½ EL ungehärtetes
Kokosfett

1. Die Kartoffeln schälen und in kleine Würfel schneiden. Sie in 350 ml Wasser im geschlossenen Topf in etwa 20 Minuten weichkochen.
2. Die Kartoffelwürfel im eigenen Kochwasser zerstampfen, dann das Püree mit der Instantbrühe abschmecken und mit der Sahne verfeinern.
3. Das Sauerkraut nach Belieben kleinschneiden und in einem Topf erwärmen.
4. In der Zwischenzeit die Zwiebel schälen und in feine Ringe schneiden.
5. Das Fett in einer Pfanne erhitzen und die Zwiebelringe darin unter Wenden rösten.
6. Das heiße Sauerkraut mit dem Kartoffelbrei mischen und zusammen mit den Zwiebelringen servieren.
(auf dem Foto: oben)

ca. 570 kcal • 2380 kJ

Bratkartoffeln mit Rosenkohl

Zubereitungszeit:
ca. ½ Std.

Für 2 Personen

400 g am Vortag gegarte
Pellkartoffeln
1 Zwiebel
2 EL kaltgepreßtes
Sonnenblumenöl
1 TL Kräutersalz
500 g TK-Rosenkohl
1 TL vegetarische Gemüse-
brühe (Instantpulver)
1 Msp. geriebene
Muskatnuß
1½ EL Butter

1. Die Kartoffeln pellen und in Scheiben schneiden. Die Zwiebel schälen, fein würfeln und in dem Öl glasig dünsten.
2. Nun die Kartoffelscheiben hinzufügen, alles mit dem Kräutersalz würzen und bei nicht zu starker Hitzezufuhr so lange braten, bis die Kartoffeln goldgelb sind.
3. In der Zwischenzeit den Rosenkohl mit wenig Wasser aufsetzen und mit der Instantbrühe sowie Muskatnuß würzen.
4. Den Rosenkohl im geschlossenen Topf 8 bis 12 Minuten köcheln lassen und das Gemüse danach mit einer Schaumkelle herausnehmen.
5. Die Butter in einer Pfanne zart bräunen und über das Gemüse gießen. Es zusammen mit den Bratkartoffeln servieren.
(auf dem Foto: Mitte)

ca. 395 kcal • 1645 kJ

Matjes in Sahne mit Pellkartoffeln

Zubereitungszeit:
ca. ½ Std.
Zeit zum Durchziehen:
ca. 24 Std.

Für 2 Personen

Für die Matjes:

2 ausgenommene Matjes-
heringe ohne Kopf
125 g saure Sahne
175 g Sahnedickmilch
1 Zwiebel
2 mürbe Äpfel
5 Wacholderbeeren
2 TL vergorenes Molke-
konzentrat (Molkosan)
2 EL gehackter Dill

Außerdem:

400 g Pellkartoffeln

Die Schwänze der Heringe abschneiden

Entlang der Rückengräte einschneiden

Die Gräte entfernen

1. Die Heringe unter fließendem kaltem Wasser abwaschen. Mit einem scharfen Messer die Schwänze abschneiden und entlang der Rückengräte einschneiden. Die Gräte vorsichtig herausnehmen, und dabei auch die kleineren Gräten mit entfernen.
2. Die saure Sahne und die Sahnedickmilch mit 6 Eßlöffeln Wasser cremig rühren.
3. Die Zwiebel schälen und in dünne Ringe schneiden. Die Äpfel vierteln, nach Belieben schälen, die Kerngehäuse entfernen und das Fruchtfleisch in schmale Spalten schneiden.
4. Die Zwiebelringe und die Apfelspalten zusammen mit den Wacholderbeeren zur Sahnesauce geben. Das Molkekonzentrat hineinrühren und den Dill daruntermischen.
5. Die Matjesfilets in die Sauce legen und zugedeckt im Kühlschrank etwa 24 Stunden durchziehen lassen.
Essen Sie dazu 400 g Pellkartoffeln.
(auf dem Foto: unten)

ca. 625 kcal • 2610 kJ

Kartoffelsalat mit Matjes

Garzeit der Kartoffeln
(am Vortag): ca. ½ Std.
Zubereitungszeit:
ca. 35 Min.

Für 2 Personen

Für den Salat:

400 g festkochende
Kartoffeln

160 ml heiße vegetarische
Gemüsebrühe (aus
Instantpulver zubereitet)

12 Radieschen

6 Frühlingszwiebeln

1 rote Paprikaschote

2 Tomaten

Für die Sauce:

200 g Sahnedickmilch

2 TL vergorenes Molke-
konzentrat (Molkosan)

2 TL kaltgepreßtes
Sonnenblumenöl

Kräutersalz

2 Bund Schnittlauch

4 EL gehackter Dill

Außerdem:

4 kleine Matjesfilets

Für die Garnitur:

2 Petersilienzweige

1 rote Zwiebel

1. Die Kartoffeln am
besten am Vortag als Pellkartoffeln garen und
abkühlen lassen. Sie dann
pellen, in Scheiben
schneiden und mit der
heißen Brühe übergießen.
2. Die Radieschen und
die Frühlingszwiebeln
waschen und in feine
Scheiben beziehungs-
weise Ringe schneiden.
3. Das Kerngehäuse der
Paprikaschote und die
Stielansätze der Tomaten
entfernen und das
Gemüse in feine Streifen
oder Spalten schneiden.
Alle vorbereiteten Zutaten
in eine Schüssel geben.

4. Die Sahnedickmilch
mit dem Molkekonzen-
trat, dem Sonnenblu-
menöl und Kräutersalz
verrühren.
5. Den Schnittlauch in
Röllchen schneiden und
zusammen mit dem Dill
zur Sahnedickmilch ge-
ben. Die Sauce unter die
Salatzutaten mischen, den
Salat zusammen mit den
Matjesfilets anrichten und
alles mit Petersilie und
roten Zwiebelringen
garnieren.

ca. 690 kcal • 2895 kJ

Rheinischer Heringssalat

Zubereitungszeit:
ca. 1 Std.
Zeit zum Durchziehen:
mind. 3 Std.

Für 2 Personen

Für den Salat:

1 kleine rote Bete
(200 g küchenfertig)
4 etwa gleich große
Kartoffeln
1 Zwiebel
1 mürber Apfel
8 Walnußkerne
4 Matjesfilets

Für die Sauce:

125 g saure Sahne
100 g Sahnedickmilch
1 EL kaltgepreßtes
Sonnenblumenöl
1 EL vergorenes Molke-
konzentrat (Molkosan)
1 EL Frutilose

Außerdem:

2 EL gehackte Petersilie

1. Die rote Bete und die
Kartoffeln gut abbürsten
und in wenig Wasser in
20 bis 25 Minuten garen.
Beides abkühlen lassen,
pellen und in kleine Wür-
fel schneiden.

2. Die Zwiebel schälen
und sehr fein würfeln.
Nach Belieben den Apfel
schälen, ihn dann vier-
teln, das Kerngehäuse entfernen und das Frucht-
fleisch in schmale Spalten
schneiden.
3. Die Nüsse grob hacken
und die Matjesfilets in
feine Streifen schneiden.
Nun alle vorbereiteten
Zutaten mischen.
4. Die saure Sahne, die
Sahnedickmilch, das Son-
nenblumenöl, das Molke-
konzentrat und die Fruti-
lose verrühren, unter den
Heringssalat mischen und

die Petersilie darüber-
streuen. Den Salat gut
durchziehen lassen.

ca. 850 kcal • 3545 kJ

Tip

Sollten die Matjes sehr sal-
zig sein, legen Sie sie für
kurze Zeit in Wasser.
Wie Sie Matjes selbst filetieren können, erfahren
Sie auf Seite 78.

Dinkelsuppe mit Käseklößchen

Zubereitungszeit:
ca. 1 Stunde
Quellzeit: über Nacht

Für 2 Personen

Für die Suppe:

100 g Dinkelkörner
1 Zwiebel
1 Bund Suppengrün
1 EL Butter
2 EL gehackter Liebstöckel
¾ l vegetarische Gemüsebrühe (aus Instantpulver zubereitet)

Für die Klößchen:

60 g Camembert (mind. 60 % Fett i.Tr.)
50 g Vollkornsemmelbrösel
1 frisches Eigelb
5 EL süße Sahne
1 EL fein gehackte Petersilie

1. Den Dinkel in einen Topf geben, mit Wasser bedecken und über Nacht quellen lassen.

2. Am nächsten Tag den Dinkel bei geringer Hitze im geschlossenen Topf etwa 25 Minuten garen, anschließend abgießen.
3. In der Zwischenzeit die Zwiebel schälen und das Suppengrün putzen, waschen und trockentupfen. Das gesamte Gemüse fein hacken und in der Butter glasig dünsten.
4. Dinkel sowie Liebstökkel dazugeben und alles mit der Brühe auffüllen. Die Suppe etwa 8 Minuten leise köcheln lassen, dann den Herd ausschalten.
5. In der Zwischenzeit den Camembert kleinschneiden. Semmelbrösel zusammen mit Eigelb, Käse, Sahne und Petersilie verkneten.
6. Aus dem Teig 12 kleine Klöße formen, in die Suppe geben und bei offenem Topf etwa 10 Minuten darin ziehen lassen. (auf dem Foto: links)

ca. 630 kcal • 2635 kJ

Ländlicher Reiseintopf

Zubereitungszeit:
ca. ¾ Stunden
Quellzeit: ca. 8 Stunden

Für 2 Personen

100 g Naturreis
1 mittelgroße Stange Lauch
3 große Möhren
1 Kohlrabi
150 g frische Austernpilze
1 ½ EL Butter
400 ml vegetarische Gemüsebrühe (aus Instantpulver zubereitet)
2–3 EL frisch gehackter Liebstöckel
5 EL gehackte Blattpetersilie

1. Den Reis in einen Topf geben, mit Wasser bedecken und etwa 8 Stunden (am besten über Nacht) quellen lassen.
2. Am nächsten Tag den Reis im geschlossenen Topf etwa 25 Minuten bei milder Hitze garen, anschließend abgießen.

3. In der Zwischenzeit den Lauch putzen, gründlich waschen und in feine Ringe schneiden. Möhren und Kohlrabi putzen, waschen, schälen und in kleine Würfel schneiden.
4. Die Pilze putzen, waschen, trockentupfen und dann in grobe Stücke schneiden.
5. Die Butter in einem Topf schmelzen lassen, zunächst das Gemüse darin einige Minuten andünsten, dann die Pilze hinzufügen und kurz mitdünsten.
6. Die Brühe unter Rühren dazugießen, den Topf schließen und das Ganze etwa ¼ Stunde köcheln lassen.
7. Den Reis hinzufügen, alles erwärmen und den Liebstöckel hineinrühren. Den Eintopf mit der Petersilie bestreut servieren. (auf dem Foto: rechts)

ca. 345 kcal • 1445 kJ

Bunte Gemüsesuppe

Zubereitungszeit:
ca. ¾ Stunden

Für 2 Personen

3 Möhren
1 mittelgroße Stange Lauch
300 g Kartoffeln
1 rote Paprikaschote
1 fester Zucchini (ca. 150 g)
1 EL Butter
¾ l vegetarische Gemüsebrühe (aus Instantpulver hergestellt)
2–3 geschälte Knoblauchzehen
etwas Kräutersalz
1 Msp. Cayennepfeffer
3 EL gehackte Blattpetersilie

1. Die Möhren schälen, abspülen, trockentupfen und in dünne Scheiben schneiden. Den Lauch putzen, gründlich waschen und in recht feine Ringe schneiden.
2. Die Kartoffeln schälen, waschen und fein würfeln. Die Paprikaschote waschen, trockenreiben, halbieren, entkernen und ebenfalls fein würfeln.
3. Den Zucchino putzen, waschen, trockenreiben, der Länge nach vierteln und quer in Scheiben schneiden.

4. Die Butter in einem Topf erwärmen und die Möhren bei milder Hitze darin einige Minuten anbraten. Das vorbereitete Gemüse dazugeben und unter Rühren langsam die Brühe hinzugießen.
5. Nach Belieben den Knoblauch dazugeben und alles einmal aufkochen lassen. Den Topf schließen und das Ganze bei geringer Hitze etwa 20 Minuten garen.
6. Die fertige Suppe mit Salz und Cayennepfeffer abschmecken und mit der Petersilie bestreut servieren.

ca. 260 kcal • 1090 kJ

Tip
Tauschen Sie die Gemüsesorten nach Lust und Laune sowie nach saisonalem Angebot aus. Kochen Sie keine Tomaten mit, denn die gehören in gegartem Zustand zur Eiweißgruppe.

Spaghetti
mit kalter feuriger
Tomatensauce

Zubereitungszeit:
ca. ½ Std.

Für 2 Personen

Für die Sauce:
400 g reife Tomaten
1 rote Paprikaschote
10 schwarze Oliven
1 EL kaltgepreßtes
Olivenöl
¼ TL Cayennepfeffer
½ TL Chillipulver
½ TL Rosmarin
1 TL Paprikapulver
edelsüß
1 TL Kräutersalz
nach Belieben 1–2 Knob-
lauchzehen
2–3 EL gehackte, glatt-
blättrige Petersilie
2 EL süße Sahne

Außerdem:
120 g rohe Vollkorn-
spaghetti, Meersalz

1. Die Stielansätze der
Tomaten entfernen und
die Tomaten in grobe
Stücke schneiden.
2. Das Kerngehäuse der
Paprikaschote entfernen,
das Fruchtfleisch eben-
falls in Stücke schneiden
und zusammen mit den
Tomaten mit einem
Schneidstab pürieren. Das
Püree nach Belieben
durch ein Sieb streichen.
3. Die Oliven entsteinen
und das Fruchtfleisch hak-
ken. Das Olivenöl darun-
termischen und das Ganze
in das Püree rühren. Es
mit den Gewürzen kräftig
abschmecken.

4. Nach Belieben die
Knoblauchzehen durch
eine Presse dazudrücken.
Zum Schluß die gehackte
Petersilie darunterrühren
und die Sauce mit der
Sahne verfeinern.
5. Die Spaghetti in leicht
gesalzenem Wasser in
10 bis 12 Minuten bißfest
garen. Sie dann abgießen
und zusammen mit der
Sauce anrichten.
(auf dem Foto: Mitte)

ca. 510 kcal • 2145 kJ

Variation
Sie können statt der Nu-
deln auch Naturreis zur
Tomatensauce essen.

Nudeln mit
Paprika-Pilz-Sauce

Zubereitungszeit:
ca. ¾ Std.

Für 2 Personen

Für die Sauce:
350 g kleine Champignons
1½ EL Butter
1 große rote Paprika-
schote
2 EL feines Weizen-
vollkornmehl
¼ l vegetarische Gemüse-
brühe (aus Instant-
pulver zubereitet)
1 TL Paprikapulver
rosenscharf
1 Msp. Cayennepfeffer
½ TL Majoran
1 TL Kräuter der Provence
3 EL süße Sahne

Außerdem:
120 g rohe Vollkorn-
nudeln
Meersalz

1. Die Pilze nach Belieben
in Scheiben schneiden
oder ganz lassen und in
der Butter anbraten. Das
Kerngehäuse der Paprika-
schote entfernen und das
Fruchtfleisch in schmale
Streifen schneiden.
2. Nun bereits das Kochwasser für die Nudeln aufsetzen. Den Paprika zu
den Pilzen geben, alles
mit dem Vollkornmehl
bestäuben und es kurz
anschwitzen lassen. Mit
der Gemüsebrühe ablö-
schen und die Sauce unter
Rühren 5 bis 8 Minuten
köcheln lassen.
3. Inzwischen die Nudeln
in 10 bis 12 Minuten in
leicht gesalzenem Wasser
bißfest garen. Die Sauce
mit den Gewürzen und
den Kräutern abschmek-
ken und mit der süßen
Sahne verfeinern. Die
Nudeln abgießen und
zusammen mit der Sauce
anrichten.
(auf dem Foto: unten)

ca. 390 kcal • 1645 kJ

Tip
Essen Sie dazu einen
kleinen neutralen Salat
(Seite 54 bis 59).

Spaghetti mit Knoblauch-Sahne-Sauce

Zubereitungszeit:
ca. 20 Min.

Für 2 Personen

200 g rohe Vollkorn-
spaghetti
1 TL Meersalz
2 Knoblauchzehen
125 g süße Sahne
½ TL Kräutersalz
2 EL gehackte Petersilie
oder 1 TL gehackter Salbei

1. Die Spaghetti in reichlich leicht gesalzenem
Wasser in 10 bis 12 Minu-
ten bißfest garen.
2. In der Zwischenzeit
den Knoblauch schälen,
durch eine Presse in die
Sahne drücken und alles
mit dem Kräutersalz ab-
schmecken.
3. Die Nudeln abgießen,
kurz mit warmen Wasser
abbrausen und mit der
Sahnesauce mischen. Die
Petersilie darüberstreuen
oder den Salbei darunter-
mischen.
(auf dem Foto: oben)

ca. 540 kcal • 2265 kJ

Tip
Dazu paßt ein Tomaten-
salat. Soll es schnell gehen,
kann man in Scheiben
geschnittene Tomaten
dazu essen.

Spaghetti mit kerniger Sauce

Zubereitungszeit:
ca. 25 Minuten

Für 2 Personen

180 g Vollkornspaghetti
1 ½ TL Meersalz
10 schwarze Oliven
ohne Stein
100 g Schafskäse,
in Lake eingelegt
3 Kirschtomaten
ca. 50 Nüsse und Kerne
(z. B. Haselnüsse,
Mandeln, Sonnen-
blumen- und Kürbiskerne)
ohne Schalen und
Häutchen
100 g süße Sahne
½ TL Cayennepfeffer
1–2 durchgepreßte
Knoblauchzehen

40 g geriebenen Rahm-
gouda (40 % Fett i.Tr.)
6 Basilikumblättchen

1. Die Spaghetti in reichlich leicht gesalzenem
Wasser bißfest garen.
2. In der Zwischenzeit die
Oliven fein hacken. Den
Schafskäse mit einer
Gabel fein zerbröckeln.
Die Tomaten waschen,
trockenreiben und dann
halbieren.
3. Die Nüsse und Kerne
fein hacken und in einer
trockenen Pfanne leicht
rösten. Sahne sowie etwa
50 ml Wasser dazugeben.
4. Das Ganze mit etwas
Salz, Cayennepfeffer und
Knoblauch abschmecken,
aufkochen und etwas ein-
reduzieren lassen. Die Oliven darunterrühren.

5. Die Nudeln unter die
Sauce mischen, alles gut
erwärmen, mit dem Käse
bestreuen und mit Toma-
tenhälften sowie Basili-
kumblättchen garnieren.

ca. 805 kcal • 3370 kJ

Tip
Dazu paßt ein neutraler
Tomatensalat. Machen Sie
die Tomaten mit etwas
Salz, nach Belieben auch
mit Knoblauch sowie
etwas kaltgepreßtem
Olivenöl an.

Makkaronigratin

Zubereitungszeit:
ca. 50 Minuten

Für 2 Personen

160 g Vollkornmakkaroni
¾ TL Meersalz
1 Zwiebel
1 grüne Paprikaschote
2 TL Butter
1 durchgepreßte Knoblauchzehe
100 g süße Sahne
1 EL vegetarische Gemüsebrühe (Instantpulver)
2 EL frisch gehackter Majoran
¼ TL Cayennepfeffer
100 g Wörishofener Käse (60 % Fett i.Tr.) in dünnen Scheiben

1. Die Makkaroni in Stücke brechen, in reichlich leicht gesalzenem Wasser knapp bißfest garen, anschließend abgießen und dann kalt abschrecken.
2. In der Zwischenzeit die Zwiebel schälen und fein hacken. Die Paprikaschote waschen, trockenreiben, halbieren, entkernen und in Würfel schneiden.
3. Die Butter in einer Pfanne erhitzen und Zwiebel- sowie Paprikawürfel darin anbraten. Knoblauch und Sahne hineinrühren. Etwa 100 ml Wasser dazugießen, alles aufkochen und etwas einreduzieren lassen. Den Backofen auf 200 °C vorheizen.

4. Die Sauce mit Brühe, Majoran und Cayennepfeffer abschmecken. Die Nudeln in eine ausreichend große Auflaufform geben.
5. Die Sahnesauce darübergießen. Den Käse in recht schmale Streifen schneiden und darauf legen. Das Gratin auf der mittleren Schiene etwa 20 Minuten überbacken.

ca. 710 kcal • 2970 kJ

Tip
Verwenden Sie statt der Makkaroni Vollkornspiral- oder Vollkornhörnchennudeln.

Indisches Reisgericht

Zubereitungszeit:
ca. 1 ¼ Stunden
Quellzeit: ca. 8 Stunden

Für 2 Personen

100 g Naturreis
ca. 13 abgezogene
Mandelkerne
1 Zwiebel
1 EL kaltgepreßtes
Sonnenblumenöl
100 g frische
Austernpilze
1 Banane
1 Bund kleine
Frühlingszwiebeln
50 g ungeschwefelte
Rosinen
1 TL Korianderpulver
½ TL Muskatnußpulver

1 TL zerstoßener
Kümmelsamen
2 TL Zimtpulver
1 TL Kardamompulver
2–3 TL Anispulver
4 Gewürznelken
½ TL Cayennepfeffer
¼ l heiße, vegetarische
Gemüsebrühe (aus
Instantpulver hergestellt)
1 EL Sesamsamen
1 Döschen Safranpulver

1. Den Reis in einen Topf
geben, mit kaltem Wasser
bedecken und etwa
8 Stunden (am besten
über Nacht) quellen
lassen.
2. Am nächsten Tag den
Reis bei milder Hitze
im geschlossenen Topf
etwa 25 Minuten garen,
anschließend abgießen.

3. Inzwischen die Mandeln halbieren und in
Stifte schneiden. Die
Zwiebel schälen, fein hak-
ken und zusammen mit
den Mandelstiften im mä-
ßig heißen Öl braten. Das
Ganze beiseite stellen.
4. Die Pilze putzen,
abspülen, trockentupfen
und in Streifen schneiden.
Die Banane schälen, in
Scheiben schneiden und
zusammen mit den Pilzen
zur Zwiebel-Mandel-
Mischung geben.
5. Die Frühlingszwiebeln
putzen, waschen, das
Grün abschneiden und in
feine Ringe schneiden.
Die Zwiebelchen zusam-
men mit den Rosinen zur
Pilzmischung geben. Das
Ganze erhitzen, einige

Minuten dünsten, danach
mit den Gewürzen kräftig
abschmecken, alles mit
der Brühe auffüllen und
aufkochen.
6. Den Sesam dazugeben
und das Ganze bei schwa-
cher Hitze unter Rühren
etwa 8 Minuten dünsten
lassen.
7. Den abgetropften Reis
sowie den Safran darun-
termischen. Das Gericht
mit den Frühlingszwiebel-
ringen garnieren und
sofort servieren.

ca. 465 kcal • 1945 kJ

Beilagentip
Wählen Sie zu diesem
Gericht einen neutralen
Salat (Seite 54 bis 59).

Apfel-Dickmilch-Reis

Zubereitungszeit:
ca. ¾ Stunden
Quellzeit: ca. 8 Stunden

Für 2 Personen

100 g Naturrundkornreis
3 mürbe, süße Äpfel
(z. B. Cox Orange)
je 4 EL ungeschwefelte
Rosinen und Honig
175 g Sahnedickmilch
1–2 TL Zimtpulver

1. Den Reis in einen Topf geben, mit kaltem Wasser bedecken und für 8 Stunden (am besten über Nacht) quellen lassen.
2. Am nächsten Tag den Reis bei geringer Hitze im geschlossenen Topf etwa 25 Minuten garen, anschließend abgießen.
3. In der Zwischenzeit die Äpfel schälen, entkernen, kleinwürfeln, in einen Topf geben, etwas Wasser angießen und Rosinen sowie Honig hinzufügen. Das Ganze bei geringer Hitze ungefähr 10 Minuten dünsten.
4. Anschließend den gut abgetropften Reis mit der Apfel-Rosinen-Mischung vermengen, die Dickmilch darunterrühren und alles mit Zimt bestäuben.

ca. 610 kcal • 2550 kJ

Tips
■ Essen Sie vorher einen neutralen Salat (Seite 54 bis 59).
■ Der Apfelreis schmeckt warm und kalt.

Reis mit Pilzgemüse

Quellzeit: ca. 8 Std.
Zubereitungszeit:
ca. ¾ Std.

Für 2 Personen

100 g roher Naturreis
400 g gemischte Pilze
(Austernpilze, Steinpilz-
champignons, Pfiffer-
linge)
1 Zwiebel
1½ EL Butter
2 geh. EL feines Dinkel-
oder Weizenvollkornmehl
¼ l vegetarische Gemüse-
brühe (aus Instantpulver
zubereitet)
3 EL saure Sahne
2 EL gehackte Petersilie
oder Kerbel

1. Den Reis mit Wasser
bedecken und für 8 Stun-
den oder über Nacht quel-
len lassen. Den Reis am
nächsten Tag in etwa
25 Minuten bei geringer
Hitzezufuhr garen.
2. Inzwischen die Pilze
putzen und zerkleinern.
Die Zwiebel schälen und
fein würfeln.
3. Die Butter in einer
Pfanne zerlassen und die
Zwiebelwürfel darin gla-
sig dünsten.
4. Die Pilze hinzufügen,
mit dem Vollkornmehl
bestäuben und die Gemü-
sebrühe unter Rühren da-
zugießen. Das Ganze in
der geschlossenen Pfanne
15 bis 20 Minuten lang
köcheln lassen.
5. Das Pilzgemüse danach
mit der Sahne verfeinern
und zusammen mit dem
Reis anrichten. Die Petersilie darüberstreuen.
(auf dem Foto: oben)

ca. 160 kcal • 665 kJ

Gemüse-Pilz-Pfanne

Zubereitungszeit:
ca. 40 Min.

Für 1 Person

3 kleine Möhren
1 Zucchini
125 g Austernpilze
100 g Zuckererbsen
(Kaiserschoten)
1 EL Butter
1½ TL vegetarische
Gemüsebrühe (Instant-
pulver)
1 TL Currypulver
4 EL süße Sahne
1 frisches Eigelb
2 EL Hirseflocken
3 EL gemischte, gehackte
Kräuter (Petersilie,
Liebstöckel, Majoran)

1. Die Möhren schälen
und in dünne Scheiben
schneiden. Den Stiel-
ansatz der Zucchini ab-
schneiden, die Austern-
pilze, wenn nötig, putzen.
2. Die Zucchini in Scheiben schneiden und die
Austernpilze in grobe
Stücke teilen. Die Zuckererbsen putzen.
3. Die Butter in einer
Pfanne zerlassen und die
Möhrenscheiben darin
bei mittlerer Hitzezufuhr
andünsten. Das vorberei-
tete Gemüse dazugeben
und alles 8 bis 10 Minuten
dünsten.
4. Das Ganze nun mit der
Instantbrühe und dem
Curry abschmecken. Die
Sahne mit 8 Eßlöffeln
Wasser, dem Eigelb und
den Hirseflocken verquir-
len. Die Sahnesauce in
das Gemüse rühren, alles
kurz aufkochen lassen
und mit den Kräutern
bestreuen.
(auf dem Foto: Mitte)

ca. 535 kcal • 2250 kJ

Pfifferlings-hirsotto

Zubereitungszeit:
ca. 1 Std.

Für 2 Personen

1 Zwiebel
1 Stange Lauch
1½ EL Butter
300 g Pfifferlinge oder
andere frische Pilze
½ l vegetarische Gemüse-
brühe (aus Instantpulver
zubereitet)
100 g Hirse
1 Msp. geriebene
Muskatnuß
2 EL saure Sahne
2 EL gehackte Petersilie

1. Die Zwiebel schälen,
den Lauch putzen und
beides in kleine Würfel
beziehungsweise in
dünne Ringe schneiden.
2. Zwiebel und Lauch in
der Butter andünsten.
Inzwischen die Pilze put-
zen, größere halbieren
und alle zum Zwiebel-
Lauch-Gemüse geben.
Kurz mit andünsten und
dann die Gemüsebrühe
angießen.
3. Die Hirse mit heißem
Wasser waschen, zu den
Pilzen geben und alles im
geschlossenen Topf unter
Rühren 25 bis 30 Minuten
köcheln lassen.
4. Das Ganze mit wenig
Muskatnuß würzen. Die
saure Sahne zuletzt hin-
einrühren und die Peter-
silie darüberstreuen.
(auf dem Foto: unten)

ca. 320 kcal • 1345 kJ

Tip
Essen Sie dazu einen
kleinen, neutralen Salat
(Seite 54 bis 59).

Chicorée-Reis-Pfanne

Zubereitungszeit:
ca. ½ Stunde

Für 1 Person

1 Staude Chicorée
1 Banane
½ TL vegetarische
Gemüsebrühe
(Instantpulver)
1 TL Currypulver
Meersalz
1 EL kaltgepreßtes
Sonnenblumenöl
1 EL gehackte
Haselnüsse
1 EL Rosinen
125 g gekochter
Naturreis (ca. 50 g
Rohgewicht)

1. Den Chicorée
waschen, den bitteren
Strunk unten keilförmig
herausschneiden, den
Chicorée der Länge nach
halbieren und dann in
breite Streifen schneiden.
Die Banane schälen und
in Scheiben schneiden.
2. Dann 4 Eßlöffel Wasser
mit Instant-Gemüsebrühe,
Currypulver und Salz zu
einer Sauce verrühren.
3. Eine beschichtete
Pfanne erhitzen und das
Öl hineingeben. Die
Hälfte der Bananenschei-
ben darin unter Rühren
scharf anbraten, bis diese
ziemlich zerfallen sind.
Dann die Hitze herunter-
schalten.
4. Chicoréestreifen,
Nüsse, Rosinen und Reis
in die Pfanne geben. Die
Currysauce dazugießen,
alles einmal umrühren
und etwa 1 Minute
kochen lassen. Zum
Schluß die restlichen
Bananenscheiben unter
das Gericht heben.
(auf dem Foto: oben)

ca. 490 kcal • 2045 kJ

Spinat-Reis-Pfanne

Zubereitungszeit:
ca. ½ Stunde

Für 1 Person

300 g Blattspinat
50 g rosa Champignons
1 Zwiebel
1 EL kaltgepreßtes
Sonnenblumenöl
125 g gekochter
Naturreis (ca. 50 g
Rohgewicht)
1 Knoblauchzehe
Meersalz
60 g geriebener Käse
(60 % Fett i.Tr.),
z. B. Rahmgouda

1. Den Spinat verlesen,
gründlich waschen und
grob hacken. Die Pilze
kurz waschen, putzen und
in feine Scheiben schnei-
den. Die Zwiebel schälen
und würfeln.
2. Das Öl in einem Topf
erhitzen. Pilze und Zwie-
bel darin anbraten. Den
Reis und die geschälte,
zerdrückte Knoblauch-
zehe dazugeben und alles
mit Salz würzen. Eventuell
etwas Wasser dazugießen.
3. Den Spinat nach und
nach zum Reis geben und
zusammenfallen lassen.
Das Gericht nochmals mit
Salz abschmecken, dann
mit dem geriebenen Käse
bestreuen.
(auf dem Foto: Mitte)

ca. 575 kcal • 2405 kJ

Zucchini-Reis-Pfanne

Zubereitungszeit:
ca. 40 Minuten

Für 1 Person

50 g Naturreis
Meersalz
1 TL Mandelblättchen
1 Banane
1 mittelgroße Zucchini
1 EL saure Sahne
1 TL Currypulver
einige Tropfen Öl

1. Den Reis in etwa
150 ml Salzwasser in etwa
25 Minuten bißfest garen.
2. Inzwischen die Mandelblättchen in einer
Pfanne ohne Fettzugabe
goldbraun rösten. Die
Banane schälen und
schräg in dicke Scheiben
schneiden. Die Zucchini
waschen, putzen und in
Stifte schneiden. 4 Eßlöffel Wasser mit der Sahne
und dem Currypulver zu
einer Sauce verrühren.
3. Wenn der Reis gar ist,
eine beschichtete Pfanne
erhitzen und mit dem Öl
auswischen. Die Bananen-
scheiben darin bei milder
Hitze goldgelb braten.
Dann die Zucchinistifte
und den abgedämpften
Reis dazugeben und alles
einmal umrühren.
4. Die Currysauce in die
Pfanne gießen und einmal
kurz aufkochen lassen.
Das Gericht mit Salz
abschmecken und mit
den Mandelblättchen
bestreuen.
(auf dem Foto: unten)

ca. 355 kcal • 1485 kJ

Hirsotto mit Spinat

Zubereitungszeit:
ca. ½ Stunde

Für 1 Person

300 g Blattspinat
50 g Hirse
1 EL ungeschwefelte
Rosinen
Meersalz
geriebene Muskatnuß
1 TL vergorenes Molke-
konzentrat (Molkosan)
1 EL gehackte Nüsse
nach Belieben
1 Knoblauchzehe
2 EL geriebener Käse
(60 % Fett i.Tr.), z.B.
Rahmgouda

1. Den Spinat verlesen,
gründlich waschen und
dann grob hacken.
2. Hirse, Rosinen und
200 ml Wasser in einem
großen Topf aufkochen
lassen und die Hirse etwa
25 Minuten bei schwacher
Hitze quellen lassen.
3. Das Hirsotto mit Salz,
Muskat und Molkekonzen-
trat abschmecken und die
Nüsse darunterrühren.
4. Die Hitze hochschal-
ten, den Spinat nach und
nach dazugeben und
zusammenfallen lassen.
5. Das Hirsotto mit Salz
und geschälter, zerdrück-
ter Knoblauchzehe
abschmecken und noch
heiß mit dem Käse
bestreuen.
(auf dem Foto: oben)

ca. 440 kcal • 1850 kJ

Gurkenragout mit Forelle

Zubereitungszeit:
ca. 20 Minuten

Für 1 Person

½ Salatgurke
2 Frühlingszwiebeln
1 geräuchertes
Forellenfilet
1 EL saure Sahne
einige Tropfen Öl
125 g gekochter
Naturreis (ca. 50 g
Rohgewicht)
Meersalz
2 EL gehackter Dill

1. Die Gurke waschen,
putzen, halbieren und in
½ cm große Würfel
schneiden. Die Frühlings-
zwiebeln putzen,
waschen und in Ringe
schneiden. Das Forellenfilet in mundgerechte
Stücke schneiden. 4 Eßlöffel Wasser mit Sahne ver-
rühren.
2. Eine beschichtete
Pfanne erhitzen und mit
Öl auswischen. Die Früh-
lingszwiebeln darin
anbraten, dann die Gur-
kenwürfel kurz mitbraten.
Die Sauce angießen und
etwas einkochen lassen.
3. Den Reis unter das
Gurkengemüse heben
und darin erwärmen.
Das Ragout mit Salz ab-
schmecken, die Forellen-
stückchen darunterheben
und das Ragout mit dem
Dill bestreuen.
(auf dem Foto: Mitte)

ca. 345 kcal • 1435 kJ

Gebratener Reis mit Gemüse

Zubereitungszeit:
ca. ½ Stunde

Für 1 Person

1 rote Paprikaschote
1 kleine Stange Porree
50 g Soja- oder Mungo-bohnensprossen
1 EL kaltgepreßtes Sonnenblumenöl
125 g gekochter Naturreis (ca. 50 g Rohgewicht)
Meersalz
1 Msp. Sambal oelek
1 EL Sesam

1. Die Paprikaschote vierteln, putzen, entkernen,
waschen und kleinwür-
feln. Den Porree putzen,
waschen und schräg in
Ringe schneiden. Die
Sprossen verlesen und
waschen.
2. Eine beschichtete
Pfanne erhitzen und das
Öl dazugeben. Die Papri-
kawürfel darin anbraten
und bei kleiner Hitze
zugedeckt etwa 5 Minuten
garen.
3. Dann die Hitze hoch-
schalten, Reis und Porree
in die Pfanne geben und
kurz mitbraten.
4. Die Sprossen unter den
Reis heben und alles mit
Salz sowie Sambal oelek
scharf abschmecken. Das
Gericht mit dem Sesam
bestreuen.
(auf dem Foto: unten)

ca. 385 kcal • 1615 kJ

Gefüllte Haferflockenbratlinge mit Knoblauchsauce

Zubereitungszeit:
ca. ½ Std.

Für 1–2 Personen

Für die Bratlinge:

80 g Haferkörner oder
kernige Haferflocken
1 Zwiebel
1 TL Butter
150 ml vegetarische Gemüsebrühe (aus Instantpulver zubereitet)
etwas Selleriesalz
1 TL Paprikapulver
edelsüß
2 EL gehackte Petersilie
30 g vollfetter Gorgonzola
1 EL Vollkornsemmelbrösel
1½ EL ungehärtetes
Kokosfett

Für die Sauce:

½ Becher Sahnedickmilch (62,5 g)
1 Knoblauchzehe
etwas Kräutersalz

1. Die Haferkörner mit
einem Flocker zu Flocken
quetschen. (Wem kein
Flocker zur Verfügung
steht, der kann auch kernige Haferflocken verwenden.)
2. Die Zwiebel schälen,
sehr fein würfeln und in
der Butter glasig dünsten.
3. Die Haferflocken dazugeben und die Gemüsebrühe angießen. Das
Ganze unter Rühren so
lange kochen lassen, bis
ein dicker Brei entsteht.

4. Den Brei mit dem Selleriesalz, dem Paprikapulver und der Petersilie verrühren, gut durchkneten
und für einige Minuten
durchziehen lassen.
5. Inzwischen die Knoblauchsauce zubereiten.
Dafür die Sahnedickmilch
mit einem Schneebesen
glattrühren.
6. Die Knoblauchzehe
durch eine Presse dazudrücken und die Sauce
mit Kräutersalz würzen.
7. Nun aus dem Brei mit
angefeuchteten Händen
zwei Bratlinge formen,
jeweils die Hälfte des
Gorgonzolas in die Mitte
drücken und die Bratlinge
verschließen.
8. Sie in den Semmelbröseln wenden und in dem
Fett so lange braten, bis
sie knusprig sind.
(auf dem Foto: unten)

1 Bratling mit Sauce enthält ca. 410 kcal • 1715 kJ

Gemüsepaella

Quellzeit: ca. 8 Std.
Zubereitungszeit:
ca. ¾ Std.

Für 2 Personen

100 g roher Naturreis
2 rote Paprikaschoten
200 g frische
Champignons
2 Zwiebeln
1 EL kaltgepreßtes
Olivenöl
2 Stangen Lauch
4 EL grüne TK-Erbsen
2 Knoblauchzehen
2 TL vegetarische Gemüsebrühe Instantpulver)
½ TL Safranpulver
4 EL Sahnedickmilch
2 EL gehackte Petersilie

1. Den Reis mit Wasser
bedecken und für etwa
8 Stunden oder über
Nacht quellen lassen.
2. Am nächsten Tag den
Reis bei geringer Hitzezufuhr im geschlossenen
Topf in etwa ½ Stunde
garen.
3. Inzwischen die Paprikaschoten in Streifen und
die Champignons in
dünne Scheibchen
schneiden.
4. Die Zwiebeln schälen,
würfeln und in dem Öl
glasig dünsten. Währenddessen den Lauch in
Ringe schneiden und zu
den Zwiebeln geben.
5. Die Paprikastreifen, die
Erbsen, die zerdrückten
Knoblauchzehen und die
Champignons daruntermischen.
6. ¼ l Wasser dazugießen,
alles mit der Gemüsebrühe abschmecken und
in etwa ¼ Stunde garen.
7. Den Reis unter das
Gemüse mischen und
alles etwa 5 Minuten lang
durchziehen lassen.
8. Zum Schluß den Safran
und die Sahnedickmilch
darunterrühren und die
Paella mit der Petersilie
bestreuen.
(auf dem Foto: oben)

ca. 450 kcal • 1980 kJ

Kartoffel-Käse-Gratin

Zubereitungszeit:
ca. 1 Std.

Für 2 Personen

400 g Kartoffeln
4 EL süße Sahne
80 g Gorgonzola oder
Camembert (60 % Fett i.Tr.)
2 TL vegetarische Gemüsebrühe (Instantpulver)
1 Msp. Cayennepfeffer
nach Belieben 1 TL gehackte Liebstöckel- oder
Majoranblättchen

1. Die Kartoffeln waschen
und in etwa ¼ Stunde als
Pellkartoffeln vorgaren.
Sie anschließend leicht
abkühlen lassen, pellen
und in gleich dicke Scheiben schneiden.
2. Die Kartoffelscheiben
dachziegelartig in eine flache Gratinform schichten.
Den Backofen auf 160 °C
vorheizen.
3. Etwa 200 ml Wasser
mit der Sahne mischen.
Den Käse in kleine Würfel
schneiden und hineingeben.
4. Das Ganze mit der
Gemüsebrühe und dem
Cayennepfeffer abschmekken und über die Kartoffeln gießen.
5. Nach Belieben den
Liebstöckel oder den
Majoran darüberstreuen
und das Gratin 18 bis
20 Minuten überbacken,
bis sich eine goldgelbe
Kruste gebildet hat.
(auf dem Foto: Mitte)

ca. 405 kcal • 1695 kJ

Tip
Wählen Sie zu dem Gratin
einen neutralen Salat
(Rezepte Seite 54 bis 59).

Spinatpizza

Zubereitungszeit:
ca. 50 Minuten
Zeit zum Gehen:
mind. 50 Minuten

Für 2 Personen

Für den Teig:
ca. 25 g frische Hefe
(gut ½ Würfel)
ca. 130 ml lauwarmes
Wasser
200 g feines Dinkel- oder
Weizenvollkornmehl
1 TL Meersalz

Für den Belag:
300 g frischer, junger
Spinat
1 EL kaltgepr. Olivenöl
1–2 durchgepreßte
Knoblauchzehen
1 TL Kräutersalz
2 TL gerebelter Oregano
80 g Wörishofener Käse
(60 % Fett i.Tr.),
in Scheiben

Außerdem:
etwas weiche Butter
für die Form

1. Die Hefe in dem Wasser auflösen und zusammen mit der Hälfte des Mehls verrühren. Das Ganze mit einem Tuch abdecken und mindestens 20 Minuten an einem warmen Ort gehen lassen.
2. Anschließend das restliche Mehl sowie das Salz hinzufügen und alles zu einem geschmeidigen Teig verkneten.
3. Eine Pizza- oder Springform (28 cm ∅) mit Butter ausfetten. Den Teig entsprechend ausrollen, in die Form legen, mit einer Gabel mehrmals einstechen, mit einem Tuch abdecken und an einem warmen Ort so lange gehen lassen (etwa ½ Stunde), bis er doppelt so dick ist.

4. Inzwischen den Spinat verlesen, putzen, waschen und gut abtropfen lassen. Das Öl in einem großen Topf erhitzen, den Spinat darin andünsten, dann im geschlossenen Topf 3 bis 4 Minuten garen. Den Ofen auf 200 °C vorheizen.
5. Den Spinat gut abtropfen lassen und auf dem Teigboden verteilen. Knoblauch, Salz und Oregano darauf verteilen.
6. Den Käse in Streifen schneiden und auf der Pizza verteilen. Das Ganze etwa 20 Minuten auf der mittleren Schiene backen.

ca. 655 kcal • 2740 kJ

Tip
Essen Sie zur Pizza eine neutrale Vorspeise. Wir empfehlen Rohkost oder Salat (Seite 54 bis 59).

Zucchini-Pilz-Kuchen

Zubereitungszeit:
ca. 1 ½ Stunden
Zeit zum Gehen:
mind. 50 Minuten

Für 4 Personen

Für den Teig:

1 Würfel frische Hefe
(ca. 42 g)
ca. 130 ml lauwarmes
Wasser
200 g feines Dinkel- oder
Weizenvollkornmehl
½ TL Kümmelpulver
1 TL getrocknete Kräuter
der Provence
1 TL Meersalz

Für den Belag:

1 große Gemüsezwiebel
2 mittelgroße Zucchini
(ca. 300 g)
100 g frische
Champignons
1 EL ungehärtetes
Kokosfett (aus dem
Reformhaus)
2 TL vegetarische
Gemüsebrühe
(Instantpulver)
3 EL Sonnenblumenkerne

Für den Guß:

75 g süße Sahne
2 frische Eigelb
¼ TL Cayennepfeffer
1 TL Kräutersalz
½ TL Muskatnußpulver

Außerdem:

etwas weiche Butter
für die Form

1. Die Hefe zerbröckeln, in dem Wasser auflösen und die Hälfte des Mehls hineinrühren. Das Ganze mit einem Tuch abdecken und mindestens 20 Minuten an einem warmen Ort gehen lassen.
2. Anschließend das restliche Mehl, Kümmel, Kräuter und Salz hinzufügen und alles zu einem geschmeidigen, glatten Teig verkneten.
3. Eine Springform (26 cm ⌀) mit der Butter ausfetten. Den Teig entsprechend ausrollen, in die Form legen, einen Rand leicht hochziehen und den Boden mit einer Gabel mehrmals einstechen.
4. Das Ganze mit einem Tuch abdecken und an einem warmen Ort so lange gehen lassen (etwa ½ Stunde), bis der Teigboden ungefähr doppelt so dick ist.
5. In der Zwischenzeit die Zwiebel schälen, halbieren und in dünne Ringe schneiden. Die Zucchini und die Pilze putzen, waschen, trockentupfen und beides in dünne Scheiben schneiden.
6. Den Backofen auf 175 °C vorheizen. Das Fett in einer Pfanne erhitzen, die Zwiebelringe zusammen mit den Zucchini- sowie Pilzscheiben darin einige Minuten schmoren.
7. Das Gemüse mit der Brühe würzen. Die Sonnenblumenkerne darunterrühren und alles gleichmäßig auf dem Teigboden verteilen.
8. Die Sahne mit etwa 5 Eßlöffeln Wasser verrühren, die Eigelbe darunterquirlen und das Ganze mit den Gewürzen abschmecken. Den Guß über das Gemüse gießen und den Kuchen 20 bis 25 Minuten auf der mittleren Schiene backen.

ca. 840 kcal • 3515 kJ

Tip
Essen Sie dazu einen kleinen, neutralen Salat oder Rohkost (Seite 54 bis 59).

Pitta mit Gemüsefüllung

Zubereitungszeit:
ca. 1 Stunde
Zeit zum Gehen:
mind. 50 Minuten

Für 2 Personen

Für den Teig:

1 Würfel Hefe (ca. 42 g)
ca. 120 ml lauwarmes Wasser
400 g feines Dinkel-vollkornmehl
100 ml Buttermilch
5 EL saure Sahne
3 EL kaltgepreßtes Sonnenblumenöl
2 frische Eigelbe
1 TL Meersalz
2 TL Kümmelpulver
1 TL Korianderpulver
2 durchgepreßte Knoblauchzehen
2 EL weiche Butter

Für die Füllung:

1 Gemüsezwiebel
2 rote Paprikaschoten
10 entsteinte schwarze Oliven
100 g frische Champignons
1 EL Olivenöl
1 TL Kräutersalz
2 TL gerebelter Oregano
1 TL frisch gehackter Majoran
1 durchgepreßte Knoblauchzehe
60 g Butterkäse (mind. 60 % Fett i. Tr.) am Stück

Außerdem:

etwas Sonnenblumenöl für die Form

1. Die Hefe zerbröckeln, in dem Wasser auflösen und alles mit einem Drittel des Mehls zu einem Brei verrühren. Diesen mit einem Tuch abdecken und den Hefeteig etwa 20 Minuten an einem warmen Ort gehen lassen.
2. Anschließend restliches Mehl, Buttermilch, Sahne, Öl, Eigelbe, Salz, Kümmel sowie Koriander hinzufügen und alles zu einem geschmeidigen Teig verkneten.
3. Eine große Springform (26 cm ∅) mit Öl ausfetten. Den Teig hineingeben, glattstreichen, mit einem Tuch abdecken und an einem warmen Ort so lange gehen lassen, bis er etwa zu doppeltem Volumen aufgegangen ist (dies dauert etwa ½ Stunde).
4. Inzwischen den Backofen auf 180 °C vorheizen.

Den Knoblauch zusammen mit der Butter verrühren und den gegangenen Teig damit gleichmäßig bestreichen.
5. Die Pitta im Ofen auf der mittleren Schiene in etwa 25 Minuten goldgelb backen.
6. In der Zwischenzeit die Zwiebel schälen und in dünne Ringe schneiden. Paprikaschoten waschen, trockenreiben, vierteln, entkernen und quer in kleine Streifen schneiden.
7. Die Oliven fein hacken. Die Pilze putzen, mit einem feuchten Tuch abreiben und in feine Scheiben schneiden.
8. Das Gemüse in dem Öl andünsten und mit Salz, Oregano sowie Majoran würzen. Den Knoblauch dazugeben und alles warm halten. Den Butterkäse kleinwürfeln.

9. Die Pitta aus dem Ofen nehmen, etwas abkühlen lassen, aus der Form nehmen, halbieren und in jede Hälfte eine Tasche schneiden. Je die Hälfte der Gemüsemischung zusammen mit dem Käse in eine Pittatasche füllen. (auf dem Foto: links)

ca. 1470 kcal • 6150 kJ

Tip
Das Pittabrot als solches eignet sich prima als kohlenhydratreiche Beilage zu neutralen oder kohlenhydratreichen Gerichten.

Schweizer Krautwickel mit Krautsalat

Zubereitungszeit:
ca. 2 Stunden
Zeit zum Durchziehen:
ca. 2 Stunden

Für 2 Personen

Für den Salat:

1 Weißkohlkopf (ca. 1 kg)
1 Zwiebel
1 ½ EL vergorenes
Molkekonzentrat
(Molkosan aus dem
Reformhaus)
1 ½ EL kaltgepreßtes
Sonnenblumenöl
1 TL Kräutersalz
1 TL zerstoßene
Kümmelkörner
1 Msp. Cayennepfeffer

Für die Krautwickel:

8–10 äußere Blätter vom
Weißkohlkopf
1 TL Meersalz
1 Zwiebel
200 g frische
Champignons
1 EL Butter
80 g Hirse
80 g fester Camembert
(mind. 60 % Fett i.Tr.)
4 EL süße Sahne
2 TL Currypulver
2 TL gehackter
Liebstöckel
2 EL vegetarische Gemüse-
brühe (Instantpulver)
1 ½ EL ungehärtetes
Kokosfett (Reformhaus)
ca. 10 g getrocknete
Steinpilze
1 Lorbeerblatt
¼ TL Cayennepfeffer
½ TL Muskatnußpulver
2–3 Meßlöffel pflanzliches
Bindemittel
(z. B. Nestargel)
4 EL süße Sahne

1. Den Kohlkopf putzen, den Strunk herausschneiden und den Kohl in reichlich Salzwasser ungefähr 18 Minuten kochen lassen, anschließend herausnehmen, abkühlen lassen, 8 bis 10 äußere Blätter ablösen, von festen Blattrippen befreien und dann bereitlegen.

2. Den restlichen Kohl halbieren, quer in ganz feine Streifen schneiden und mit den Händen etwas ausdrücken. Die Zwiebel schälen, fein hacken und unter das Kraut mischen.

3. Das Molkekonzentrat mit etwa 100 ml Wasser mischen und das Öl darunterschlagen. Die Sauce mit den Würzzutaten abschmecken, den Salat damit anmachen und etwa 2 Stunden ziehen lassen.

4. In der Zwischenzeit die Zwiebel schälen und fein würfeln. Die Champignons putzen, waschen, trockenreiben und fein hacken. Beides in der Butter andünsten.

5. Die Hirse in ein Sieb geben, heiß abspülen, unter die Pilz-Zwiebel-Mischung rühren und alles 5 bis 8 Minuten schmoren. Das Ganze mit etwa ½ l Wasser auffüllen, zudecken und 20 bis 25 Minuten köcheln lassen. Die restliche Flüssigkeit verdampfen lassen.

6. Inzwischen den Käse in kleine Würfel schneiden. Ihn dann zusammen mit Sahne, Curry sowie 1 Teelöffel Liebstöckel unter die fertige Hirse rühren und das Ganze mit etwas Brühe abschmecken.

7. Je 2 bis 3 Kohlblätter pro Roulade dachziegelartig übereinanderlegen und je ein Viertel der Hirsemischung daraufgeben, die Blätter zusammenrollen, mit Zwirn umwickeln.

8. Das Fett in einem Bräter erhitzen, die Krautwickel darin rundherum anbraten und alles mit ½ l Kohlbrühe auffüllen.

9. Getrocknete Pilze, Lorbeerblatt, restliche Gemüsebrühe, Cayennepfeffer, restlichen Liebstöckel sowie Muskatnuß dazugeben. Alles etwa 35 Minuten köcheln lassen.

10. Anschließend das Lorbeerblatt entfernen und die Sauce nach Belieben mit dem Bindemittel binden (Packungsangaben beachten). Alles nochmals kurz aufkochen und mit der Sahne verfeinern. Salat, Roulade und Sauce zusammen servieren.
(auf dem Foto: rechts)

ca. 840 kcal • 3515 kJ

Grünkernbratlinge mit Paprikagemüse

Zubereitungszeit:
ca. 1 ¼ Stunden
Quellzeit: ca. ½ Stunde

Für 2 Personen

Für die Bratlinge:

1 Zwiebel

100 g frische
Champignons

1 TL Butter

160 g mittelfeines
Grünkernschrot

¼ l vegetarische
Gemüsebrühe (aus
Instantpulver zubereitet)

1 frisches Eigelb

3 Blätter feingehackter
Liebstöckel

80 g milder Schafskäse,
in Lake eingelegt

3 EL Vollkornsemmel-
brösel

4 TL ungehärtetes
Kokosfett (aus dem
Reformhaus)

Für das Gemüse:

1 Zwiebel

600 g rote und gelbe
Paprikaschoten
(ca. 3 mittelgroße
Schoten)

1 ½ EL kaltgepreßtes
Sonnenblumenöl

1 EL Weizenvollkornmehl

150 ml vegetarische
Gemüsebrühe (aus
Instantpulver zubereitet)

1. Für die Bratlinge die Zwiebel schälen, die Champignons putzen, waschen und trockenreiben. Beides sehr fein würfeln und in der Butter glasig dünsten.
2. Das Grünkernschrot dazugeben, alles miteinander verrühren und mit der Brühe aufgießen. Das Ganze unter Rühren bei geringer Hitze aufkochen lassen.

3. Eigelb und Liebstöckel unter die Masse mischen und alles unter Rühren so lange erwärmen, bis ein fester Brei entstanden ist. Das Ganze vom Herd nehmen und die Grünkernmasse etwa ½ Stunde quellen lassen.
4. In der Zwischenzeit die andere Zwiebel schälen und grob hacken. Die Paprikaschoten waschen, trockenreiben, halbieren, entkernen, in Würfel schneiden und zusammen mit den Zwiebeln unter Rühren etwa 5 Minuten im Öl dünsten.
5. Das Mehl darüberstäuben, unter Rühren leicht anschwitzen und die Brühe dazugießen. Das Ganze etwa 10 Minuten bei geschlossenem Topf köcheln lassen, danach warm halten.
6. Den Schafskäse in Würfel schneiden. Aus der Grünkernmasse mit angefeuchteten Händen etwa 6 Kugeln formen, mit dem Daumen je eine Vertiefung hineindrücken, etwas Käse hineingeben, die Teigkugeln gut verschließen und zu einem flachen Bratling formen.
7. Die Bratlinge in den Semmelbröseln wälzen. Das Fett in einer beschichteten Pfanne erhitzen und die Bratlinge bei milder Hitze unter Wenden in etwa 12 Minuten braun braten und anschließend zusammen mit dem Paprikagemüse servieren.
(auf dem Foto: links)

ca. 765 kcal • 3200 kJ

Tip
Statt Paprikagemüse können Sie zu den Bratlingen auch einen neutralen Tomatensalat „Korsika" (Seite 56) genießen.

Heidelbeerpfannkuchen

Zubereitungszeit:
ca. 25 Minuten
Quellzeit: ca. ¼ Stunde

Für 2 Personen

160 g frische Heidelbeeren oder
TK-Beeren

100 g feines Dinkel- oder
Weizenvollkornmehl

1 ½ TL Weinsteinbackpulver

6 EL süße Sahne

1 frisches Eigelb

etwas Meersalz

2 EL Butter

1. Die Beeren von Stielen befreien, waschen und abtropfen lassen.
2. Das Mehl zusammen mit dem Backpulver mischen. Nach und nach etwa ¼ l Wasser, die Sahne und das Eigelb darunterrühren, daß ein dünner Teig entsteht.
3. Eine Prise Salz zum Teig geben und ihn etwa ¼ Stunde quellen lassen.
4. Dann ½ Eßlöffel der Butter in einer Pfanne schmelzen lassen. Ein Viertel der gesäuberten Heidelbeeren hineingeben und kurz erwärmen.
5. Ein Viertel des Pfannkuchenteigs darauf verteilen und alles bei mittlerer Hitze 1 bis 2 Minuten bakken. Den Pfannkuchen wenden, ihn nochmals 1 bis 2 Minuten backen und dann warm stellen.
6. Die restlichen Zutaten ebenso verarbeiten.
(auf dem Foto: rechts)

ca. 480 kcal • 2010 kJ

Tip
Essen Sie vorweg eine neutrale Suppe (Seite 66 oder 68).

Erbseneintopf

Zubereitungszeit:
ca. ½ Stunde

Für 1 Person

3 mehlig kochende
Kartoffeln
½ TL vegetarische
Gemüsebrühe
(Instantpulver)
1 EL saure Sahne
½ Paket TK-Erbsen
(150 g)
Meersalz
2 EL gehackte Petersilie

1. Die Kartoffeln schälen,
waschen, kleinschneiden
und mit ¼ l Wasser und
Instant-Gemüsebrühe in
etwa 10 Minuten halbgar
kochen.
2. Die saure Sahne in die
Suppe einrühren und
diese nochmals etwa
2 Minuten köcheln lassen.
3. Die Erbsen hinzufügen
und weitere 10 Minuten
köcheln lassen. Anschlie-
ßend mit Salz abschmek-
ken und mit der Petersilie
bestreuen.
(auf dem Foto: oben)

ca. 555 kcal • 2320 kJ

Variation
Statt mit Petersilie können
Sie diesen Eintopf auch
mit Majoran würzen.
Wenn Sie frischen Majo-
ran haben, reicht 1 Eßlöffel davon, schön kleinge-
hackt. Von getrocknetem
Majoran benötigen Sie nur
etwa ½ Teelöffel.

Kartoffel-Blumenkohl-Eintopf

Zubereitungszeit:
ca. ¾ Stunde

Für 1 Person

3 Kartoffeln
½ Blumenkohl
½ TL vegetarische
Gemüsebrühe
(Instantpulver)
1 EL saure Sahne
Meersalz
1 EL gehackte Petersilie

1. Die Kartoffeln schälen
und kleinwürfeln. Den
Blumenkohl waschen,
putzen und die Röschen
von den Stielen abschnei-
den. Die Stiele würfeln
und zusammen mit den
Kartoffeln in ¼ l Wasser
zusammen mit der
Instant-Gemüsebrühe
etwa 20 Minuten kochen.
2. Dann die saure Sahne
in die Suppe einrühren
und die Blumenkohlrös-
chen dazugeben. Die
Suppe etwa 12 Minuten
weiterköcheln lassen, bis
die Blumenkohlröschen
bißfest sind.
3. Die Suppe mit Salz
abschmecken und mit
Petersilie bestreuen.
(auf dem Foto: Mitte)

ca. 370 kcal • 1540 kJ

Kartoffelsalat

Zubereitungszeit:
ca. ½ Stunde

Für 1 Person

¼ Salatgurke
1 Zwiebel
½ Bund Radieschen
3 gekochte Pellkartoffeln
vom Vortag
einige Salatblätter
1 EL Olivenöl
½ TL vegetarische
Gemüsebrühe
(Instantpulver)
Meersalz
1 EL Schnittlauchröllchen

1. Die Gurke waschen
und würfeln. Die Zwiebel
schälen und fein würfeln.
Die Radieschen waschen,
putzen und in Scheiben
schneiden. Die Kartoffeln
pellen und ebenfalls in
Scheiben schneiden. Die
Salatblätter waschen und
dann in feine Streifen
schneiden.
2. Öl, 50 ml Wasser,
Instant-Gemüsebrühe,
Zwiebelwürfel und Kar-
toffelscheiben erhitzen,
mit Salz abschmecken
und in eine Schüssel
füllen.
3. Radieschen, Gurke und
Salat unter die Kartoffelscheiben heben. Den
Salat mit Schnittlauch
bestreuen.
(auf dem Foto: unten)

ca. 520 kcal • 2165 kJ

Fladen mit Schafskäsefüllung

Zubereitungszeit:
ca. 1 ½ Std.

Für 4 Personen

500 g feines Dinkel-
vollkornmehl
2 TL Meersalz
250 g milder, weicher
Schafskäse
160 ml kaltgepreßtes
Sonnenblumenöl oder
Olivenöl
8 TL Honig

1. Das Dinkelmehl nach
und nach mit 300 ml Was-
ser und dem Meersalz zu
einem geschmeidigen Teig
verkneten. Ihn für etwa
¼ Stunde ruhen lassen.
2. Den Teig danach in
acht gleich große Stücke
schneiden und sie zu
Kugeln formen.
3. In die Mitte jeder Kugel
eine Vertiefung drücken
und ein Achtel des Schafs-
käses hineingeben. Die
Teigkugeln dann gut ver-
schließen.
4. Die Kugeln vorsichtig
zu flachen Fladen drük-
ken, dabei darf aber die
Füllung nicht heraus-
kommen.
5. Pro Fladen 2 Eßlöffel
Öl in einer Pfanne erhit-
zen und die Fladen unter
Wenden darin knusprig
braun ausbacken. Sie
dann nach Belieben mit
Honig bestreichen und
heiß essen.
(auf dem Foto: oben)

ca. 620 kcal • 2605 kJ

Tip
Essen Sie vorweg einen
neutralen Salat (Seite 54
bis 59).

Bunte Pizzabrote

Zubereitungszeit:
ca. ½ Std.

Für 2 Personen

1 Zwiebel
100 g Champignons
1 gelbe Paprikaschote
1 EL kaltgepreßtes
Olivenöl
1 TL Oregano
1 TL Kräutersalz
4 Scheiben Vollkorn-
brot (à 40 g)
2 EL Butter
80 g Butterkäse
(60 % Fett i.Tr.)
3 rote Paprikaschoten

1. Die Zwiebel schälen
und in dünne Ringe, die
Champignons in feine
Scheiben schneiden.
2. Das Kerngehäuse der
Paprikaschote entfernen
und die Schote in schmale
Streifen schneiden.
3. Das vorbereitete Gemüse in dem Öl andün-
sten und mit Oregano und
Kräutersalz würzen.
Inzwischen den Backofen
auf 180 °C vorheizen.
4. Die Brote dünn mit der
Butter bestreichen und
mit dem Gemüse belegen.
Den Käse in feine Streifen
schneiden, auf dem Ge-
müse verteilen und die
Brote anschließend im
Ofen etwa 8 Minuten
überbacken.
5. Die Kerngehäuse der
roten Paprikaschoten ent-
fernen, die Schoten in
Streifen schneiden und zu
dem Brot essen.
(auf dem Foto: Mitte)

ca. 475 kcal • 1980 kJ

Grünkernknödel mit Sauerkraut Holstener Art

Zubereitungszeit:
ca. 1¾ Std.

Für 2 Personen

Für die Knödel:
1 Zwiebel
1½ EL Butter
160 g mittelfeines Grünkernschrot
1½ EL vegetarische Gemüsebrühe (Instantpulver)
1 TL gehacktes Liebstöckel
1 Knoblauchzehe
3 EL gehackte Petersilie
2 EL Sonnenblumenkerne
1 frisches Eigelb

Für das Sauerkraut:
1 kleine Zwiebel
1 EL kaltgepreßtes Sonnenblumenöl
600 g Sauerkraut
1 EL vegetarischer, schmalzähnlicher Brotaufstrich (im Reformhaus oder in Naturkostläden unter der Bezeichnung „Holstener Liesl" erhältlich)
5 Wacholderbeeren
1 TL Kümmel
1 Lorbeerblatt

Außerdem:
3 EL Kartoffelstärke

1. Für die Knödel die Zwiebel schälen, sehr fein würfeln und in der Butter glasig dünsten.
2. Das Grünkernschrot darüberstreuen, alles rasch miteinander verrühren und ¼ l Wasser angießen. Das Ganze unter Rühren bei geringer Hitzezufuhr aufkochen lassen. Mit der Instantbrühe und dem Liebstöckel mischen, den Knoblauch durch eine Knoblauchpresse dazudrücken.

3. Dann die Petersilie zusammen mit den Sonnenblumenkernen und dem Eigelb unter den Grünkernteig mischen und ihn unter Rühren so lange erwärmen, bis ein dicker, fester Brei entstanden ist. Den Topf vom Herd nehmen und die Grünkernmasse für etwa 1 Stunde quellen lassen.
4. Inzwischen das Sauerkraut zubereiten. Dafür die Zwiebel schälen, fein würfeln und in dem Öl glasig dünsten.
5. Das Sauerkraut kleinschneiden, zu der Zwiebel geben und leicht mit andünsten.
6. Den Brotaufstrich im Sauerkraut schmelzen lassen und ⅛ l Wasser angießen. Die Wacholderbeeren, den Kümmel und das Lorbeerblatt hinzufügen. Das Kraut zugedeckt etwa 20 Minuten lang schmoren lassen.
7. Inzwischen 800 ml leicht gesalzenes Wasser zum Kochen bringen. Die Kartoffelstärke mit wenig Wasser glattrühren und in das siedende Wasser geben.
8. Aus der Grünkernmasse mit angefeuchteten Händen kleine Knödel formen und sie in dem Wasser im offenen Topf in etwa 10 Minuten garziehen lassen.
9. Vor dem Servieren das Lorbeerblatt aus dem Sauerkraut entfernen und das Kraut zusammen mit den Knödeln anrichten.
(auf dem Foto: unten)

ca. 590 kcal • 2470 kJ

Kartoffel-Porree-Gratin

Zubereitungszeit:
ca. ½ Stunde

Für 1 Person

3 gekochte Pellkartoffeln
1 kleine Stange Porree
40 g geriebener Käse
(60 % Fett i.Tr.), z.B.
Butterkäse
1 TL vegetarische
Gemüsebrühe
(Instantpulver)
5 EL Sahne
1 Knoblauchzehe
1 EL gehacktes Basilikum

1. Den Backofen auf
200 °C vorheizen. Die Kartoffeln pellen. Den Porree
putzen und waschen. Beides in Scheiben schneiden und dachziegelartig
in eine flache, ofenfeste
Form schichten.
2. Den Käse mit 8 Eßlöffeln Wasser, der Instant-
Gemüsebrühe, der Sahne
und der geschälten, zerdrückten Knoblauchzehe
verrühren.
3. Die Käsemischung
über die Kartoffelscheiben gießen und das Gratin etwa 20 Minuten im
Ofen überbacken. Es
dann mit dem Basilikum
bestreuen.
(auf dem Foto: oben)

ca. 265 kcal • 1100 kJ

Variation
Statt mit Porreeringen
können Sie das Gratin
auch mit Zucchinischeiben zubereiten.

Gurken-Kartoffel-Pfanne

Zubereitungszeit:
ca. ½ Stunde

Für 1 Person

3 gekochte Pellkartoffeln
2 Frühlingszwiebeln
¼ Salatgurke
2 Tomaten
einige Tropfen Öl
1 EL saure Sahne
Meersalz
einige Salatblätter

1. Die Kartoffeln pellen.
Die Frühlingszwiebeln
putzen und waschen. Beides in Scheiben schneiden. Die gewaschene,
geputzte Gurke würfeln.
Die Tomaten kurz
waschen, putzen und
achteln.
2. Einige Tropfen Öl in
einer Pfanne erhitzen,
Kartoffeln und Frühlingszwiebeln dazugeben und
kurz mitbraten.
3. Die saure Sahne mit
2 Eßlöffeln Wasser verrühren. Die Sauce und die
Gurkenwürfel mit in die
Pfanne geben. Alles einmal aufkochen lassen und
mit Salz abschmecken.
4. Die gewaschenen Salatblätter auf einen Teller
legen und das Gurken-
Kartoffel-Gemüse darauf
anrichten. Das Gericht
mit den Tomatenachteln
garnieren.
(auf dem Foto: Mitte)

ca. 495 kcal • 2070 kJ

Nudelgratin mit Champignons

Zubereitungszeit:
ca. ½ Stunde

Für 1 Person

einige Tropfen Öl
250 g gekochte Vollkornspaghetti
4 große Champignons
1 kleine Zucchini
1 EL Butter
Meersalz
1 EL gehacktes Basilikum
2 Scheiben Käse
(60 % Fett i.Tr.), z.B.
Butterkäse

1. Den Grill vorheizen.
Eine ofenfeste Form mit
dem Öl auspinseln und
die Hälfte der Spaghetti
hineinfüllen.
2. Die Champignons und
die Zucchini waschen,
putzen, kleinschneiden,
und in der Butter leicht
andünsten. Beides auf die
Spaghetti geben und mit
Salz sowie Basilikum
bestreuen. Die restlichen
Spaghetti darauf geben.
3. Die Käsescheiben auf
die Nudeln legen und
alles unter dem Grill so
lange überbacken, bis der
Käse goldbraun ist.
(auf dem Foto: unten)

ca. 555 kcal • 2340 kJ

Tip
Wenn Sie keinen Grill
besitzen, geben Sie Spaghetti, Zucchini, Pilze
und den Käse in eine
beschichtete Deckelpfanne, und erwärmen
Sie alles zugedeckt bei
schwacher Hitze, bis der
Käse schmilzt.

Grießklößchen mit Apfelkompott

Zubereitungszeit:
ca. 35 Min.

Für 2 Personen

Für die Klößchen:

40 g gehobelte Mandeln

4 EL süße Sahne

120 g Vollkorngrieß

1 frisches Eigelb

2 EL Honig

Außerdem:

1 TL Meersalz

Für das Kompott:

4–5 mürbe Äpfel

(500 g küchenfertig)

1 kleine Stange Zimt

1 EL Honig

1 TL gemahlener Zimt

1. Die Mandeln ohne Fettzugabe in einer Pfanne goldbraun rösten. 200 ml Wasser und die Sahne angießen und alles aufkochen lassen.
2. Nun den Vollkorngrieß unter Rühren hineinrieseln lassen und ihn bei geringer Hitzezufuhr und unter ständigem Rühren so lange ausquellen lassen, bis die Grießmasse fest und formbar ist (ca. 5 Minuten).
3. Den Grieß etwas abkühlen lassen und dann das Eigelb und den Honig darunterrühren.

4. Leicht gesalzenes Wasser zum Sieden bringen. Mit zwei Teelöffeln von der Grießmasse kleine Klößchen abstechen und sie im siedenden Wasser so lange garziehen lassen, bis sie an der Oberfläche schwimmen (ca. 10 Minuten).
5. In der Zwischenzeit das Kompott zubereiten. Dafür die Äpfel vierteln, schälen und die Kerngehäuse entfernen.
6. Die Apfelstücke zusammen mit 150 ml Wasser in einen Topf geben. Die Zimtstange hinzufügen und alles etwa 10 Minuten köcheln lassen.
7. Die Apfelstücke danach zerstampfen und das Kompott mit dem Schneebesen locker aufschlagen.

8. Das Kompott etwas abkühlen lassen und mit dem Honig süßen. Die Grießklößchen zusammen mit dem Apfelkompott servieren und mit dem Zimt bestäuben.

ca. 600 kcal • 2520 kJ

Mandelpfann-kuchen

Zubereitungszeit:
ca. 35 Min.

Für 1 Person

Für die Pfannkuchen:

50 g feines Dinkel- oder
Weizenvollkornmehl

1 TL Weinsteinbackpulver

3 EL süße Sahne

1 Eigelb

1 Prise Meersalz

Für die Füllung:

100 g Quark
(20 % Fett i.Tr.)

1 EL Sonnenblumenkerne

1 EL Honig

Außerdem:

2 EL Butter

50 g gehobelte Mandeln

1. Das Mehl mit dem
Backpulver mischen.
Nach und nach 120 ml
Wasser, die Sahne und das
Eigelb hinzufügen und
alles zu einem dünnflüssi-
gen Teig verrühren.
2. Eine Prise Salz zum Teig
geben und ihn für etwa
¼ Stunde quellen lassen.
3. Inzwischen für die Füllung den Quark mit den
Sonnenblumenkernen
und dem Honig mischen.
4. Die Butter in einer
Pfanne schmelzen lassen.
Die Hälfte der gehobelten
Mandeln dazugeben und
leicht rösten.
5. Die Hälfte des Pfannkuchenteigs darüber ver-
teilen und bei mittlerer
Hitzezufuhr 1 bis 2 Minu-
ten backen. Den Pfannku-
chen wenden und noch-

mals 1 bis 2 Minuten bak-
ken. So auch den zweiten
Pfannkuchen zubereiten.
6. Die Pfannkuchen mit
der Quarkcreme bestrei-
chen, zusammenrollen
und heiß essen.

---

ca. 550 kcal • 2300 kJ

Tip
Essen Sie vorweg einen
neutralen Salat (Seite 54
bis 59).

Eiweißreiche Hauptgerichte

*B*ei den Gerichten in diesem Kapitel sind neutrale Lebensmittel mit denen kombiniert, die im Trennungsplan (Seite 14 und 15) zu den Eiweißen zählen. Es erwarten Sie hier zum Beispiel mit Käse (bis 50 % Fett i.Tr.) überbackene Gemüsegerichte, köstliche Eierspeisen, Gerichte mit Geflügel, Rind- und Lammfleisch sowie mit Fisch.

*W*ie auch im vorhergehenden Kapitel gibt es in diesem auch Salate zum Mitnehmen, die sich leicht vorbereiten lassen.

*H*erkömmlich zubereitete Gerichte mit Fleisch und Fisch sind zwar meist gehaltvoller als die, in denen Gemüse den Ton angibt, wie Sie aber den Kalorienangaben zu meinen Rezepten entnehmen können, müssen sie keineswegs zwangsläufig „Kalorienbomben" sein.

*S*ie sollten natürlich beim Einkaufen magere Fleisch- und Fischsorten bevorzugen und auch die Portionen nicht allzu üppig bemessen.

*F*leisch und Fisch versorgen unseren Körper mit hochwertigem Eiweiß, liefern ihm Vitamine und Mineralstoffe – sie sind also keineswegs Lebensmittel, auf die man verzichten sollte. Wichtig ist nur, das richtige Maß zu finden. Wie bei vielen Lebensmitteln auch, hat erst der übermäßige Konsum Nachteile.

Zucchiniauflauf

Zubereitungszeit:
ca. 25 Min.
Garzeit im Ofen:
ca. 20 Min.

Für 2 Personen

1 Zwiebel
1 EL kaltgepreßtes Olivenöl
2–3 Zucchini (ca. 500 g küchenfertig)
8 reife Tomaten (ca. 500 g)
1–2 TL Chilipulver
1 TL Kräuter der Provence
2 TL vegetarische Gemüsebrühe (Instantpulver)
nach Belieben 1 Knoblauchzehe
150 g geriebener Gouda (45 % Fett i. Tr.)

1. Die Zwiebel schälen, fein würfeln und im Öl glasig dünsten.
2. Die Stielansätze der Zucchini entfernen, die Zucchini in dünne Scheiben schneiden und zu den Zwiebeln geben. Alles unter Rühren anbraten und dann vom Herd nehmen.
3. Die Stielansätze der Tomaten entfernen und die Tomaten mit dem Schneidstab pürieren. Das Püree nach Belieben durch ein Sieb streichen.
4. Das Tomatenpüree mit Chilli, Kräutern der Provence und Instant würzen. Nach Belieben die Knoblauchzehe durch eine Presse dazudrücken. Den Backofen auf 180 °C vorheizen.
5. Nun die Zucchini-Zwiebel-Mischung abwechselnd mit der Tomatensauce in eine Auflaufform geben und alles mit dem Käse bestreuen.
6. Den Auflauf in den Ofen stellen und in etwa 20 Minuten backen. Es soll sich eine goldgelbe Kruste bilden.
(auf dem Foto: oben)

ca. 420 kcal • 1750 kJ

Apfel-Zwiebel-Gratin

Zubereitungszeit:
ca. 1 ¼ Std.

Für 2 Personen

3–4 mürbe Äpfel
3 EL Zitronensaft
400 g rote Zwiebeln
2 EL ungeschwefelte Rosinen
100 g süße Sahne
2 Msp. Cayennepfeffer
½ TL Meersalz
120 g Mozzarella

1. Die Äpfel vierteln, schälen, entkernen, in feine Spalten schneiden und mit dem Zitronensaft beträufeln.
2. Die Zwiebeln in dünne Ringe schneiden.
3. Die Äpfel zusammen mit den Zwiebeln und den Rosinen in eine Auflaufform schichten. Den Backofen auf 200 °C vorheizen.
4. Die Sahne mit dem Cayennepfeffer und dem Salz würzen und über das Apfel-Zwiebel-Gemisch gießen.
5. Die Mozzarella kleinschneiden, darüberstreuen und das Gratin etwa ¾ Stunden lang überbacken.
(auf dem Foto: unten)

ca. 390 kcal • 1605 kJ

Überbackenes Gemüse

Zubereitungszeit:
ca. ¼ Std.
Garzeit im Ofen:
15–20 Min.

Für 2 Personen

700 g gemischtes TK-Gemüse (Blumenkohl, Brokkoli, grüne Bohnen, Rosenkohl oder anderes)

Für die Sauce:

100 g saure Sahne
100 g süße Sahne
2 TL vegetarische Gemüsebrühe (Instantpulver)
1 Msp. Cayennepfeffer

Außerdem:

80 g geriebener Parmesan

1. Den Backofen auf 180 °C vorheizen. Das tiefgekühlte Gemüse in eine Auflaufform geben.
2. Nun aus der sauren und der süßen Sahne, ⅛ l Wasser, der Instantbrühe und dem Cayennepfeffer eine Sauce rühren. Sie mit dem Schneebesen kräftig verschlagen und die Sauce über das Gemüse geben.
3. Den geriebenen Parmesan darüberstreuen, die Form in den Ofen stellen und das Gemüse 15 bis 20 Minuten überbacken.
(auf dem Foto: Mitte)

ca. 445 kcal • 1855 kJ

Frikadellen mit Mangoldgemüse

Zubereitungszeit:
ca. ¾ Stunden

Für 2 Personen

Für das Gemüse:

600 g frischen Mangold
½ TL Meersalz
1 Zwiebel
1 ½ EL Butter
2 TL vegetarische Gemüsebrühe (Instantpulver)
5 EL süße Sahne

Für die Frikadellen:

2 Möhren
1 Zwiebel
300 g Rinderhackfleisch
1 frisches Eigelb
2 TL Kräutersalz
2 EL fein gehackte Kräuter (z. B. Petersilie, Thymian, Majoran oder Rosmarin)
2 EL ungehärtetes Kokosfett (aus dem Reformhaus)

1. Von den Mangoldstielen die festen, faserigen Teile abziehen, dann die Blätter gut waschen, trockentupfen und quer in feine Streifen schneiden.
2. Das Gemüse in wenig, leicht gesalzenem Wasser etwa 10 Minuten garen und dann abgießen.

3. In der Zwischenzeit die Möhren putzen, waschen, trockenreiben und fein reiben. Die Zwiebel schälen und sehr fein hacken.
4. Das Hackfleisch in eine Schüssel geben und zusammen mit Eigelb, Salz, Zwiebelwürfeln, Möhrenraspel und Kräutern sorgfältig mischen.
5. Aus dem Fleischteig mit feuchten Händen 4 Frikadellen formen und sie im heißen Fett so lange von beiden Seiten braten, bis sie braun sind, dann warm stellen.
6. Die Zwiebel schälen, in feine Würfel schneiden, in der zerlassenen Butter glasig dünsten und das Mangoldgemüse dazugeben.

Alles mit der Brühe abschmecken und mit der Sahne verfeinern.
7. Die Frikadellen zusammen mit dem Mangold anrichten. Das Gericht sofort servieren.

ca. 785 kcal • 3285 kJ

Variation
Statt dem Mangold kann die gleiche Menge junger Spinat genommen werden. Die Kochzeit ist dann erheblich kürzer. Beide können auch als TK-Blattgemüse Verwendung finden.

Mangoldrouladen mit Stielgemüse

Zubereitungszeit:
ca. 1 ½ Stunden
Einweichzeit:
ca. 20 Minuten

Für 2 Personen

Für die Rouladen:

ca. 15 g getrocknete Steinpilze
8 große Blätter Mangold
2 EL ungehärtetes Kokosfett
1 Möhre, 2 Zwiebeln
300 g Rinderhackfleisch
1 frisches Eigelb
2 TL Kräutersalz
½ l vegetarische Gemüsebrühe (aus Instantpulver zubereitet)
4 Blättchen fein gehackter Liebstöckel
½ TL Muskatnußpulver
1 TL getrockneter Majoran
4 EL süße Sahne
2–3 Meßlöffel pflanzliches Bindemittel

Für das Gemüse:

8 Stiele der Mangoldblätter
1 EL Butter
1–2 TL vegetarische Gemüsebrühe (Instantpulver)
¼ TL geriebene Muskatnuß
1 durchgepreßte Knoblauchzehe
4 EL fein gehackte Petersilie

1. Die Pilze mit Wasser bedecken und für etwa 20 Minuten einweichen.
2. Inzwischen von den Mangoldblättern die dikken Stiele abschneiden und beiseite legen. Die Blätter waschen, in kochendem Wasser kurz blanchieren und jeweils 2 Blätter leicht überlappend auf einer Arbeitsfläche ausbreiten.

3. Die Möhre putzen, waschen und fein reiben. Die Zwiebel schälen und sehr fein hacken.
4. Das Hackfleisch in eine Schüssel geben und zusammen mit Eigelb, Salz, Zwiebelwürfeln und Möhrenraspeln mischen.
5. Den Fleischteig auf die Blätter verteilen, alles aufrollen und mit je einem Zwirnsfaden umwickeln.
6. Das Fett in einem Bräter erhitzen, die Rouladen darin anbraten und beiseite stellen.
7. Die zweite Zwiebel schälen, in Würfel schneiden und zu den Rouladen geben. Alles erneut erhitzen, leicht bräunen lassen, dann die Brühe angießen. Die Pilze mitsamt dem Einweichwasser sowie alle Würzzutaten hinzufügen.
8. Die Rouladen im geschlossenen Bräter bei nicht zu starker Hitze etwa ¾ Stunden köcheln lassen.
9. In der Zwischenzeit die Mangoldstiele waschen, die faserigen Teile abziehen, das Gemüse der Länge nach vierteln, quer in mundgerechte Stücke schneiden und in der Butter andünsten.
10. Das Ganze mit 100 ml Wasser auffüllen, mit Brühe und Muskatnuß würzen und den Knoblauch dazugeben. Den Topf schließen und das Gemüse bei milder Hitze 10 bis 15 Minuten garen.
11. Den Bratenfond der Rouladen nach Belieben binden (nach Packungsanweisung verfahren) und mit der Sahne verfeinern. Das Stielgemüse mit der Petersilie bestreuen und zu den Rouladen reichen.

ca. 800 kcal • 3345 kJ

Bauernpfanne

Zubereitungszeit:
ca. ¾ Std.

Für 1 Person

1 kleine Stange Lauch
100 g Champignons
1 kleine rote Paprika-schote
1 EL Butter
1 TL vegetarische Gemüse-brühe (Instantpulver)
1 TL Paprikapulver edelsüß
50 g Schafskäse
2 frische Eier
2 EL süße Sahne
4 EL Mineralwasser
2 EL Schnittlauchröllchen
1 Tomate
4 schwarze Oliven

1. Den Lauch putzen, die Champignons mit einem feuchten Tuch abreiben und beides in feine Ringe beziehungsweise Scheiben schneiden.
2. Das Kerngehäuse der Paprikaschote entfernen und das Fruchtfleisch in feine Streifen schneiden.
3. Die Butter in einer Pfanne zerlassen und das Gemüse darin kurz andünsten. Die Instantbrühe und das Paprikapulver daruntermischen. Den Käse zerbröseln und über das Gemüse verteilen.
4. Nun die Eier trennen. Die Eiweiße steif schlagen und die Eigelbe mit der Sahne und dem Mineralwasser verrühren.

5. Den Eischnee unter die Eigelbmasse heben und alles über das gedünstete Gemüse gießen. Danach nicht mehr umrühren!
6. Das Ei in der geschlossenen Pfanne bei geringer Hitzezufuhr etwa 10 Minuten stocken lassen.
7. Die Bauernpfanne mit den Schnittlauchröllchen bestreuen. Die Tomaten achteln und das Gericht mit Tomatenachteln und Oliven garnieren.
(auf dem Foto: oben)

ca. 640 kcal • 2685 kJ

Gemüseomelett

Zubereitungszeit:
ca. 20 Min.

Für 1 Person

1 rote Paprikaschote
1 Zwiebel
1 EL kaltgepreßtes Sonnenblumenöl
2 frische Eier
2 EL süße Sahne
½ TL Meersalz
½ TL Paprikapulver edelsüß
1–2 EL Schnittlauch-röllchen

1. Das Kerngehäuse der Paprikaschote entfernen und die Schote in feine Streifen schneiden. Die Zwiebel schälen und fein würfeln.
2. Das Öl in einer Pfanne nicht zu stark erhitzen

und die Paprikastreifen und die Zwiebelwürfel darin einige Minuten lang bei mäßiger Hitzezufuhr dünsten. Das Gemüse in der Pfanne verteilen.
3. Die Eier mit 5 Eßlöffeln Wasser und der Sahne gut verquirlen und mit dem Meersalz und dem Paprikapulver würzen.
4. Die Schnittlauchröllchen darunterrühren und die Eimasse in die Pfanne über das Gemüse gießen. Die Eimasse bei geringer Hitzezufuhr stocken lassen. Dabei bitte nicht umrühren!
5. Das Omelett auf eine Platte oder einen Topfdeckel gleiten lassen, in die Pfanne stürzen und auch auf der anderen Seite stocken lassen.
(auf dem Foto: unten)

ca. 385 kcal • 1620 kJ

Tip

Essen Sie zum Gemüse-omelett einen frischen, neutralen oder den Eiweißen zugeordneten Salat (Seite 54 bis 63).

Blitzgulasch

Zubereitungszeit:
ca. 35 Minuten

Für 2 Personen

300 g Rinder- oder
Lammlende
2 EL kaltgepreßtes
Sonnenblumenöl
1 Zwiebel
5 vollreife Tomaten
2 TL edelsüßes
Paprikapulver
1 TL Meersalz
½ TL Cayennepfeffer
4 EL süße Sahne

1. Die Lende kurz
waschen, trockentupfen
und das Fleisch in kleine
Würfel (ca. 1 ½ x 1 ½ cm)
schneiden.
2. Das Öl in einer Pfanne
erhitzen und das Fleisch
kurz darin anbraten. Es
soll außen gebräunt,
innen noch rosig sein.
Dann die Fleischwürfel
aus der Pfanne nehmen
und beiseite stellen.
3. Die Tomaten kreuz-
weise einritzen, kurz in
kochendem Wasser über-
brühen, enthäuten, von
den Stielansätzen befreien
und in kleine Würfel
schneiden.
4. Die Zwiebel schälen,
halbieren, quer in dünne
Scheiben schneiden, in
dem restlichen Bratfett
anbraten und die Toma-
tenwürfel sowie etwa
150 ml Wasser hinzu-
fügen.

5. Das Ganze umrühren,
mit den Würzzutaten
abschmecken und etwa
5 Minuten köcheln lassen.
Dann die Fleischstücke
dazugeben, alles kurz
erhitzen und mit der
Sahne verfeinern.

ca. 510 kcal • 2135 kJ

Tip
Wir empfehlen zum
Gulasch gedämpften
Brokkoli (neutral).

Lammkoteletts mit jungem Gemüse

Zubereitungszeit:
ca. 40 Minuten

Für 2 Personen

Für das Gemüse:
300 g junge Möhren
1 junger Kohlrabi
250 g frische, grüne
Bohnen
1 EL Butter
2 TL vegetarische
Gemüsebrühe
(Instantpulver)
1 Stengel Bohnenkraut

Für die Koteletts:
4 einfache Lammkoteletts
etwas Meersalz
1 TL Paprikapulver
1 ½ EL ungehärtetes
Kokosfett (Reformhaus)

Außerdem:
3 EL gehackte Petersilie

1. Möhren und Kohlrabi schälen, abspülen, trokkentupfen und beides in kleine Würfel schneiden.
2. Die Bohnen putzen, von Fäden befreien, waschen, gut abtropfen lassen und in 3 cm lange Stücke brechen.
3. Die Butter in einem Topf schmelzen lassen und unter Rühren das Gemüse darin andünsten. Etwa ⅛ l Wasser dazugeben, alles mit der Brühe abschmecken und das Bohnenkraut dazugeben.
4. Den Topf schließen und das Gemüse etwa ¼ Stunde bei geringer Hitze garen.
5. In der Zwischenzeit die Koteletts kalt abspülen, trockentupfen, mit einem Löffel flachstreichen und mit Salz sowie Paprikapulver von beiden Seiten würzen.

6. Das Fett in einer Pfanne erhitzen und die Koteletts von jeder Seite etwa 4 Minuten braten. Sie danach zusammen mit dem Gemüse anrichten und alles mit der Petersilie bestreuen.

ca. 495 kcal • 2070 kJ

Tip
Als Beilage können Sie jedes neutrale, junge Gemüse der Saison verwenden.

Entenbrust mit Orangen-Fenchel-Gemüse

Zubereitungszeit:
ca. 1 ¼ Stunden

Für 2 Personen

Für die Brust:
2 Entenbrustfilets
mit Haut
etwas Meersalz

Für die Marinade:
Saft von 1 Orange
1 EL kaltgepreßtes
Sonnenblumenöl
1 EL Worcestersauce
je ½ TL Piment- und
Gewürznelkenpulver
1 TL Meersalz
2 EL Sherry

Für das Gemüse:
3 Orangen
2 mittelgroße
Fenchelknollen
1 ½ EL Butter
3 EL süße Sahne

Für die Sauce:
1 Schuß Sherry
2 EL Crème fraîche

1. Den Backofen auf 180 °C vorheizen. Die Entenbrustfilets kalt abspülen, mit Küchenkrepp trockentupfen und mit etwas Salz einreiben.

2. In eine Fettpfanne etwa ¼ l Wasser geben und die beiden Brustfilets mit der Hautseite nach oben hineinlegen.

3. Die Pfanne auf der mittleren Schiene in den Ofen schieben und die Entenbrust etwa 40 Minuten braten.

4. Die Zutaten für die Marinade miteinander verrühren und die Filets damit während des Bratens öfter einpinseln. Die restliche Marinade für später beiseite stellen.

5. In der Zwischenzeit von den Orangen die gesamte Schale so abschneiden, daß auch die weiße Haut entfernt wird, die Filets zwischen den Trennhäuten herausschneiden und die verbleibenden Fruchtreste mit der Hand auspressen. Dabei den Saft auffangen.

6. Den Fenchel putzen, waschen, trockenreiben, das Fenchelgrün abschneiden, die Knollen halbieren und längs in dünne Streifen schneiden. Das Fenchelgrün sehr fein hacken und beiseite stellen.

7. Die Butter in einem Topf schmelzen lassen und die Fenchelstreifen darin dünsten. Dann den Orangensaft mit Wasser auf 150 ml auffüllen und angießen. Das Gemüse 15 bis 20 Minuten bei kleiner Hitze garen.

8. Die Entenbrustfilets aus der Pfanne nehmen und warm stellen. Vom Bratenfond mit einem Löffel das Fett abnehmen und den Fond in einen Topf gießen.

9. Die restliche Marinade in den Bratfond rühren und alles mit einem Schuß Sherry abschmekken. Die Sauce mit der Crème fraîche leicht binden und warm halten.

10. Die Sahne unter das Fenchelgemüse rühren und die Orangenfilets dazugeben. Alles mit dem Fenchelgrün bestreuen.

11. Die Brustfilets in dünne Scheiben schneiden und mit der Sauce sowie dem Gemüse servieren.

ca. 355 kcal • 3575 kJ

Hähnchen-geschnetzeltes mit Ingwer

Zubereitungszeit:
ca. 50 Minuten

Für 2 Personen

300 g Hähnchen-
brustfilets
2 Stangen Staudensellerie
4 Frühlingszwiebeln
150 g Brokkoliröschen
1 rote Paprikaschote
150 g frische Austern-
pilze
1 ½ EL kaltgepreßtes
Sonnenblumenöl
1 TL Korianderpulver
1–2 TL Kräutersalz
1 EL frisch geriebener
Ingwer
1–2 TL mildes
Currypulver
4 EL saure Sahne
100 g frische, gut
gewaschene Mungo-
bohnensprossen

1. Das Hähnchenfleisch
waschen, trockentupfen
und quer in schmale Streifen schneiden.
2. Den Sellerie und die
Frühlingszwiebeln put-
zen, waschen und in
dünne Scheiben bzw.
schmale Ringe schneiden.

Den Brokkoli putzen,
waschen und abtropfen
lassen.
3. Die Paprikaschote
waschen, trockenreiben,
vierteln, entkernen und
quer in Streifen schnei-
den. Die Pilze putzen,
waschen, trockenreiben
und in dünne Streifen
schneiden.
4. Das Öl in einer Pfanne
erhitzen und das Häh-
chenfleisch unter ständi-
gem Rühren darin anbra-
ten. Gemüse und Pilze
dazugeben und alles
mit den Würzzutaten
abschmecken.
5. Etwa 150 ml Wasser
dazugießen, das Ganze
aufkochen lassen und
10 bis 15 Minuten
dünsten.
6. Das Ganze nochmals
mit etwas Currypulver
abschmecken. Die Sahne
hineinrühren und die
Sprossen darüberstreuen.

ca. 345 kcal • 1445 kJ

Vorspeisentip
Wir empfehlen eine Möh-
renfrischkost (Seite 57,
neutral)

Hähnchen-Gemüse-Gulasch

Zubereitungszeit:
ca. 50 Minuten

Für 2 Personen

1 mittelgroße Stange
Lauch
100 g kleine, frische
Champignons
3 Möhren
1 säuerlicher Apfel
(z. B. Boskop)
300 g Hähnchen-
brustfilets
1 ½ EL kaltgepreßtes
Sonnenblumenöl
100 g frische, grüne
Erbsen, ersatzweise
TK-Ware
1 TL Kräutersalz
2 TL rosenscharfes
Paprikapulver
5 EL süße Sahne
100 g frische,
gut gewaschene
Linsenkeimlinge
2 TL fein gehackter
Kerbel

1. Das Gemüse putzen,
waschen und trocken-
reiben. Den Lauch in
schmale Ringe schneiden,
die Champignons halbie-
ren, die Möhren der
Länge nach vierteln und

quer in etwa 4 cm lange
Stifte schneiden.
2. Den Apfel schälen,
vierteln, entkernen und
die Viertel grob würfeln.
3. Das Hähnchenfleisch
waschen, trockentupfen
und in 2 ½ cm große Wür-
fel schneiden. Das Öl in
einer Pfanne erhitzen und
das Fleisch darin von
allen Seiten anbraten.
4. Vorbereitetes Gemüse,
Erbsen und Apfelwürfel
hinzufügen und alles
unter Rühren etwa
10 Minuten schmoren
lassen. Das Ganze mit
Salz und Paprikapulver
abschmecken.
5. Die Sahne zusammen
mit etwa 100 ml Wasser
mischen und alles zum
Gulasch gießen. Den Topf
schließen und das Ganze
bei geringer Hitze weitere
10 Minuten köcheln las-
sen. Anschließend die
Keimlinge sowie den
Kerbel dekorativ darüber-
streuen.

ca. 460 kcal • 1925 kJ

Vorspeisentip
Essen Sie als Vorspeise
eine neutrale Rohkost mit
Nüssen (Seite 55).

Geflügelsalat „Waldorf"

Zubereitungszeit:
ca. 1 Std.

Für 2 Personen

300 g Hähnchenbrustfilets
1 TL vegetarische Gemüse-
brühe (Instantpulver)
1 kleine Knolle Sellerie
2 Möhren
2 säuerliche Äpfel
2 EL Zitronensaft
½ frische Ananas
(250 g küchenfertig)
6 Walnußkerne

Für die Sauce:
200 g Sahnedickmilch
1 TL Frutilose
2 TL vergorenes Molke-
konzentrat (Molkosan)
1 TL Kräutersalz

1. Die Hähnchenbrustfilets abspülen. Etwas Was-
ser in einem Topf aufko-
chen lassen, die Instant-
brühe hineinrühren und
das Fleisch darin in 20 bis
25 Minuten garen.
2. In der Zwischenzeit die
Sellerieknolle abbürsten,
in wenig Wasser nicht zu
weich garen. Sie danach
abkühlen lassen, schälen
und in Stifte schneiden.
3. Das Geflügelfleisch aus
der Brühe nehmen, in
Stücke schneiden und
abkühlen lassen.
4. Die Möhren schälen
und in feine Stifte hobeln.
Die Äpfel vierteln, die
Kerngehäuse entfernen
und das Fruchtfleisch
ebenfalls in Stifte hobeln.
Sie mit dem Zitronensaft
mischen.

5. Die halbe Ananas schälen, braune Schalenteile
entfernen und das Frucht-
fleisch in kleine Stücke
schneiden. Die Nüsse
grob hacken. Nun alle
Zutaten mischen.
6. Für die Sauce die Sahnedickmilch cremig rüh-
ren und mit der Frutilose,
dem Molkekonzentrat
und dem Kräutersalz
abschmecken. Die Sauce
mit den Salatzutaten
mischen.
(auf dem Foto: links)

ca. 600 kcal • 2525 kJ

Salat mit Hähn-chenfleisch und Linsensprossen

Zubereitungszeit:
ca. ¾ Std.

Für 2 Personen

1 Salatgurke
80 g Feldsalat
5 Tomaten
300 g Hähnchenbrustfilets
1 TL Meersalz
2 EL kaltgepreßtes
Sonnenblumenöl

Für die Sauce:
1 Zwiebel
1 EL vergorenes Molke-
konzentrat (Molkosan)
1 TL Frutilose
100 ml vegetarische Ge-
müsebrühe (aus Instant-
pulver zubereitet)
2 EL gehackter Dill
3 EL saure Sahne

Außerdem:
150 g Linsenkeimlinge
(selbstgezogen, siehe
Seite 21 oder gekauft)

1. Die Salatgurke schälen,
der Länge nach halbieren
und die Kerne mit einem
Löffel herauskratzen. Das
Fruchtfleisch in Scheiben
schneiden.
2. Den Feldsalat putzen.
Die Stielansätze der Tomaten entfernen und die
Früchte achteln. Gurken-
scheiben, Feldsalat und
Tomatenachtel auf zwei
Tellern anrichten.
3. Die Hähnchenbrustfilets leicht salzen. Das Öl
in einer Pfanne erhitzen
und das Fleisch jeweils
von beiden Seiten darin
etwa 5 Minuten braten.
4. Inzwischen für die
Sauce die Zwiebel schä-
len, sehr fein würfeln und
mit dem Molkekonzen-
trat, der Frutilose und der
Gemüsebrühe verrühren.
5. Den gehackten Dill
unter die Sauce rühren
und sie mit der sauren
Sahne verfeinern.
6. Die Hähnchenbrustfilets in Streifen schneiden
und warm auf dem Salat
verteilen. Die Sauce über
den Salat gießen und die
Linsenkeimlinge darüber-
streuen.
(auf dem Foto: rechts)

ca. 580 kcal • 2440 kJ

Rinderfilet mit Lauchgemüse

Zubereitungszeit:
ca. 35 Minuten

Für 2 Personen

2–3 Lauchstangen
(ca. 800 g)
1 ½ EL Butter
⅛ l vegetarische
Gemüsebrühe (hergestellt
aus Instantpulver)
5 EL Sahne
360 g Rinderfilet
1–2 TL Meersalz
1 ½ EL ungehärtetes
Kokosfett
2 EL saure Sahne
1 TL Paprikapul., edelsüß

1. Den Lauch putzen, der
Länge nach halbieren und
waschen. Dann in 1 cm
breite Streifen schneiden.
2. Die Butter in einem
Topf schmelzen lassen
und den Lauch darin
unter Rühren zart andün-
sten. Die Gemüsebrühe
hinzufügen und den
Lauch bei mittlerer Hitze
zugedeckt etwa 10 Minu-
ten garen. Mit der Sahne
verfeinern.
3. In der Zwischenzeit
das Rinderfilet kurz
waschen, trockentupfen
und mit dem Salz einrei-
ben. Das Kokosfett in
einer Pfanne erhitzen und
das Fleisch darin rund-
herum anbraten. Dann
zugedeckt bei nicht zu
starker Hitze etwa
20 Minuten schmoren.
4. Das Fleisch in Scheiben schneiden und
zusammen mit dem
Lauchgemüse auf zwei Tel-
lern anrichten. Je einen
Klecks saure Sahne auf
das Gemüse geben und es
mit dem Paprikapulver
fein bestäuben.

ca. 560 kcal • 2340 kJ

Ćevapčići auf Paprikagemüse

Zubereitungszeit:
ca. ¾ Stunden

Für 2 Personen

Für das Gemüse:

1 mittelgroße Zwiebel
2 rote Paprikaschoten
2 grüne Paprikaschoten
1 EL Sonnenblumenöl
2 TL vegetarische
Gemüsebrühe
(Instantpulver)
1 TL Paprikapulver
edelsüß

Für die Ćevapčići:

1 kleine Zwiebel
2–3 Knoblauchzehen
1 kleines, frisches Ei
300 g Rinderhackfleisch
1 TL Meersalz
1 Msp. Cayennepfeffer
1–2 TL Paprikapulver
rosenscharf
1 EL Olivenöl

1. Für das Gemüse die Zwiebel schälen und in feine Ringe schneiden. Die Paprikaschoten putzen, waschen und in grobe Würfel schneiden.
2. Das Öl in einer beschichteten Pfanne nicht zu stark erhitzen und Zwiebeln sowie Paprika darin unter Rühren 8 bis 10 Minuten dünsten.
3. Das Gemüse mit der vegetarischen Brühe und dem edelsüßen Paprika würzen. Eventuell etwas Wasser hinzufügen. Dann alles zugedeckt auf kleiner Flamme bißfest garen.
4. Inzwischen für die Ćevapčići die Zwiebel schälen, sehr fein hacken und zusammen mit dem geschälten, durchgepreßten Knoblauch und dem Ei zum Hackfleisch geben.

5. Alles gut verkneten und mit Salz, Cayennepfeffer und rosenscharfem Paprikapulver kräftig würzen.
6. Aus dem Fleischteig etwa 6 cm lange, daumendicke Röllchen formen.
7. Das Öl in einer Pfanne erhitzen und die Hackfleischröllchen darin von allen Seiten knusprig braun braten.
8. Das Gemüse auf eine vorgewärmte Platte geben und die Ćevapčići darauf anrichten.

ca. 540 kcal • 2270 kJ

Tip
Das Paprikagemüse können Sie auch anstatt des Lauchgemüses zum Rinderfilet (Rezept siehe links) servieren.

Hüftsteak mit Grilltomaten

Zubereitungszeit:
ca. ½ Stunde

Für 1 Person

1 Knoblauchzehe
1 Rinderhüftsteak
à 150 g
100 g Champignons
1 Frühlingszwiebel
5 Tomaten
Meersalz
1 Knoblauchzehe
1 EL gehackte Petersilie
5 Butterflöckchen
einige Tropfen Öl
1 EL saure Sahne
½ TL gerebelter Estragon

1. Die Knoblauchzehe schälen. Das Steak auf beiden Seiten gleichmäßig damit einreiben.

2. Champignons, Frühlingszwiebel und Tomaten kurz waschen und putzen. Die Pilze halbieren, die Frühlingszwiebel in Ringe schneiden. Die Tomaten über Kreuz einschneiden, mit Salz, dem gewürfelten Knoblauch und der Petersilie bestreuen und je 1 Butterflöckchen darauf setzen.

3. Eine große beschichtete Deckelpfanne mit einigen Tropfen Öl auswischen und es erhitzen. Das Steak darin von jeder Seite etwa 1 Minute scharf anbraten. Die Hitze reduzieren, das Steak auf einer Seite 4 Minuten braten.

4. Das Steak wenden und salzen. Champignons und Zwiebel dazugeben. Die Tomaten in die Pfanne setzen und alles weitere 4 Minuten zugedeckt garen.

5. Dann Steak und Tomaten auf einen Teller legen. Bratensatz und Gemüse mit 2 Eßlöffeln Wasser ablöschen, die saure Sahne und den Estragon hineinrühren und die Sauce einmal aufkochen lassen. Das Champignongemüse zum Steak geben.

ca. 515 kcal • 2155 kJ

Rinderfilet in Ingwersauce

Zubereitungszeit:
ca. 35 Minuten

Für 1 Person

2 EL Sojasauce
1 EL trockener Sherry
oder Reiswein
150 g Rinderfilet
1 Stange Porree
1 Knoblauchzehe
1 rote oder gelbe
Paprikaschote
1 TL feingehackter
frischer Ingwer
Meersalz
1 EL kaltgepreßtes
Sonnenblumenöl

1. Sojasauce, Sherry oder Reiswein und 2 Eßlöffel Wasser zu einer Marinade verrühren. Das Fleisch in dünne Streifen schneiden und in der Marinade kurz ziehen lassen.

2. Inzwischen den Porree putzen, waschen und in 4 cm breite Röllchen schneiden. Diese dann in feine Streifen schneiden. Den Knoblauch schälen und in Scheibchen schneiden. Die Paprikaschote putzen, vierteln, entkernen, waschen und kleinwürfeln.

3. Dann 100 ml Wasser, 1 Eßlöffel der Fleischmarinade, Ingwer und Salz zu einer Sauce verrühren.

4. Das Fleisch aus der Marinade nehmen, abtropfen lassen. Eine beschichtete Deckelpfanne erhitzen, das Öl dazugeben und das Fleisch darin unter Rühren kurz braten. Es dann aus der Pfanne nehmen und zugedeckt warm stellen. Die Pfanne etwas abkühlen lassen.

5. Ingwersauce, Porree, Knoblauch und Paprikaschote in der Pfanne zugedeckt bei schwacher Hitze in etwa 8 Minuten bißfest garen. Dann das Fleisch daruntermischen und alles nochmals kurz bei mittlerer Hitze erwärmen.

ca. 375 kcal • 1570 kJ

Lammkoteletts mit Majoranböhnchen

Zubereitungszeit:
ca. ½ Stunde

Für 1 Person

250 g frische grüne
Bohnen oder TK-Bohnen
1 TL vegetarische
Gemüsebrühe
(Instantpulver)
1 TL gerebelter Majoran
1 Knoblauchzehe
2 EL Frischkäse
1 TL Zitronensaft
1 EL gemischte
TK-Kräuter oder
1 EL gehackte frische
Kräuter
Meersalz
4 dünne einfache Lamm-
koteletts oder
2 doppelte Lammkoteletts
einige Tropfen Öl

1. Frische Bohnen wa-
schen und putzen. Die
Bohnen in 200 ml Wasser
mit der Instant-Gemüse-
brühe und dem Majoran
bißfest garen.
2. Inzwischen die Knoblauchzehe schälen und
zerdrücken. Den Frisch-
käse mit Zitronensaft,
Knoblauch, Kräutern und
Salz glattrühren.
3. Den Fettrand der
Lammkoteletts bis auf
einen kleinen Rest
abschneiden. Eine
beschichtete Pfanne erhitzen, mit einigen Tropfen
Öl auswischen und die
Lammkoteletts darin auf
jeder Seite bei großer
Hitze etwa 2 Minuten bra-
ten (so bleiben sie innen
noch leicht rosa). Wer die
Koteletts lieber ganz
durchgebraten mag, brät
sie etwa 3 Minuten auf
jeder Seite. Die Koteletts
mit Salz würzen.

4. Die Bohnen abgießen
und zusammen mit den
Lammkoteletts auf einem
Teller anrichten. Die Kräu-
tercreme auf die Koteletts
geben.

ca. 620 kcal • 2595 kJ

Variation
Wenn Sie Lamm nicht
mögen, können Sie das
Gericht auch mit einem
Kalbskotelett zubereiten.
Dieses von jeder Seite
etwa 6 Minuten braten.

Hähnchenbrust in Orangensauce mit Spargel

Zubereitungszeit:
ca. ½ Stunde

Für 1 Person

1 unbehandelte Orange
500 g grüner Spargel
1 EL vegetarische Gemüsebrühe (Instantpulver)
einige Tropfen Öl
1 kleines Hähnchenbrustfilet à 150 g
Meersalz
1 EL Zitronensaft
1 Prise Currypulver
1 EL saure Sahne

1. Die Orange waschen, ein kleines Stück der Schale abschneiden (das Weiße entfernen, es schmeckt bitter) und in feine Streifen schneiden. Die Orange vierteln. Ein Viertel sorgfältig schälen (die weiße Haut vollständig entfernen) und das Fruchtfleisch in Stücke schneiden. Die restliche Orange auspressen.
2. Den Spargel waschen, unten ein Stück kürzen und nur unten dünn schälen. Die Spargelstangen mit einem Baumwollfaden zusammenbinden und in ½ l Wasser zusammen mit der Instant-Gemüsebrühe in etwa 7 Minuten bißfest kochen.
3. Inzwischen eine beschichtete Pfanne erhitzen und mit einigen Tropfen Öl auswischen. Das Hähnchenbrustfilet darin

auf beiden Seiten in insgesamt etwa 6 Minuten goldbraun braten. Es dann mit Salz würzen und zugedeckt warm stellen.
4. Orangenstücke und -schale sowie 3 Eßlöffel des Orangensafts, den Curry und den Zitronensaft in die Pfanne geben und alles etwas einkochen lassen. Die saure Sahne in die Sauce einrühren und diese nochmals aufkochen lassen.
5. Das Hähnchenbrustfilet zusammen mit dem ausgetretenen Bratensaft in die Sauce geben und darin nochmals kurz erwärmen.
6. Den Spargel abtropfen lassen und zusammen mit dem Fleisch anrichten. Die Sauce zum Fleisch auf den Teller geben.

ca. 320 kcal • 1330 kJ

Lauchauflauf

Zubereitungszeit:
ca. 1 Std.

Für 2 Personen

4 große Stangen Lauch
(ca. 800 g küchenfertig)
1 TL vegetarische Gemüse-
brühe (Instantpulver)
2 Zwiebeln
2 TL ungehärtetes
Pflanzenfett
200 g Rinderhackfleisch
4 Tomaten
1 EL Paprikapulver
edelsüß
2 Msp. Korianderpulver
1 Knoblauchzehe
je 1 TL Rosmarin und
Thymian
4 EL süße Sahne
60 g geriebener Gouda
(45 % Fett i. Tr.)

1. Den Lauch putzen und
in feine Ringe schneiden.
Sie in einen Topf geben,
knapp mit Wasser bedek-
ken, die Gemüsebrühe
hinzufügen und den
Lauch bei mittelstarker
Hitzezufuhr in etwa
20 Minuten garen.
2. Inzwischen die Zwiebeln schälen, würfeln und
in dem Fett glasig dün-
sten. Das Hackfleisch zer-
pflücken, dazugeben und
mit anbraten.
3. Die Tomaten mit
kochendem Wasser über-
brühen, enthäuten und
die Stielansätze entfernen.
4. Das Fruchtfleisch würfeln und zum Hackfleisch
geben. Das Paprikapulver
hineinrühren, etwa ⅛ l
Wasser dazugießen und
alles etwa 10 Minuten
köcheln lassen.
5. Den Backofen auf
180 °C vorheizen. Den
Koriander in die Hack-
fleischsauce rühren, die
Knoblauchzehe durch
eine Presse dazudrücken
und alles mit Rosmarin

und Thymian würzen.
Zuletzt die Sahne darun-
terrühren.
6. Nun den Lauch abgießen und in eine Auflauf-
form geben. Die Hack-
fleischsauce darüber ver-
teilen und den Käse dar-
auf streuen. Den Auflauf
etwa ¼ Stunde garen.
(auf dem Foto: oben)

ca. 520 kcal • 2145 kJ

Moussaka

Zubereitungszeit:
ca. 1 ¼ Std.

Für 2 Personen

2 Auberginen
Meersalz
60 ml kaltgepreßtes
Olivenöl
2 Knoblauchzehen
300 g Rinderhackfleisch
oder gemischtes (halb
vom Rind, halb vom
Lamm)
1 Zwiebel
1 rote Paprikaschote
1 grüne Paprikaschote
3–4 Tomaten
⅛ l vegetarische Gemüse-
brühe (aus Instantpulver
zubereitet)
1 kleines Lorbeerblatt
1 kleiner Zweig Thymian
1 TL Paprikapulver
edelsüß
2 EL gehackte Petersilie

1. Die Auberginen putzen
und in etwa 1 cm dicke
Scheiben schneiden. Sie
mit Salz bestreuen, in ein
Sieb legen und für etwa
10 Minuten durchziehen
lassen. Den austretenden
Saft entfernen.
2. Die Auberginenschei-
ben anschließend abwa-
schen und trockentupfen.

3. Das Öl in einer Pfanne
erhitzen, die Knoblauch-
zehen durch eine Presse
dazudrücken und die Au-
berginenscheiben darin
goldgelb braten. Sie dann
herausnehmen, das Fett
abtupfen und die Schei-
ben beiseite stellen.
4. Das Hackfleisch ins ver-
bliebene Bratfett geben
und anbraten. Die Zwie-
bel schälen, würfeln,
dazugeben und mit an-
braten.
5. Die Kerngehäuse der
Paprikaschoten entfernen
und die Schoten würfeln.
Sie ebenfalls zum Fleisch
geben und kurz mit an-
braten.
6. Nun die Tomaten mit
kochendem Wasser über-
brühen, enthäuten und
die Stielansätze entfernen.
Das Fruchtfleisch würfeln
und unter die Hackfleischmischung rühren.
7. Die Gemüsebrühe dazugießen, das Lorbeerblatt
und den Thymianzweig
hinzufügen und das
Ganze zum Kochen brin-
gen. Bereits jetzt den
Backofen auf 180 °C vor-
heizen.
8. Die Hackfleischmi-
schung mit Salz und
Paprikapulver abschmek-
ken und 10 bis 15 Minuten
köcheln lassen.
9. Die Hälfte der Auber-
ginenscheiben in eine
große ausgefettete Auflaufform legen und die Hack-
fleischsauce gleichmäßig
darauf verteilen.
10. Die restlichen Auber-
ginenscheiben darauf
legen und das Ganze in
20 bis 25 Minuten im
Ofen garen. Vor dem Ser-
vieren das Lorbeerblatt
entfernen und die Peter-
silie gleichmäßig darüberstreuen.
(auf dem Foto: unten)

ca. 700 kcal • 2930 kJ

Hackfleischtopf

Zubereitungszeit:
ca. ¾ Std.

Für 2 Personen

2 Gemüsezwiebeln
3 rote Paprikaschoten
2 EL Butter
250 g Rinderhackfleisch
1 EL Paprikapulver edelsüß
600 g Tomaten
2 Knoblauchzehen
1 TL Oregano
2 TL vegetarische Gemüse- brühe (Instantpulver)
4 EL süße Sahne

1. Die Zwiebeln schälen und in dünne Ringe schneiden. Die Kerngehäuse der Paprikaschoten entfernen und die Schoten in feine Streifen schneiden.
2. Die Zwiebelringe und die Paprikastreifen in der Butter leicht anbraten. Das Hackfleisch zerpflükken, dazugeben und mit anbraten. Alles mit dem Paprikapulver würzen.
3. Die Stielansätze der Tomaten entfernen und diese vierteln. Mit dem Schneidstab pürieren. Das Püree nach Belieben durch ein Sieb streichen.
4. Das Tomatenpüree zur Hackfleischmischung geben und den Knoblauch durch eine Presse dazudrücken.
5. Das Gericht mit dem Oregano und der Gemüsebrühe abschmecken und im geschlossenen Topf etwa 10 Minuten schmoren lassen. Zuletzt die süße Sahne hineinrühren. (auf dem Foto: Mitte)

ca. 625 kcal • 2615 kJ

Hähnchenkeule
mit Paprikagemüse

Zubereitungszeit:
ca. ½ Stunde

Für 1 Person

1 Hähnchenkeule
Meersalz
Paprikapulver edelsüß
2 Zwiebeln
3 Tomaten
1 grüne Paprikaschote
1 gelbe Paprikaschote
1 Knoblauchzehe
1 EL kaltgepreßtes
Olivenöl
100 ml vegetarische
Gemüsebrühe (aus
Instantpulver hergestellt)
2 EL gehacktes Basilikum

1. Die Hähnchenkeule
abspülen, trockentupfen,
mit Salz und Paprikapul-
ver einreiben und mit
einer Nadel mehrmals ein-
stechen. Sie dann ohne
Fettzugabe in einer
beschichteten Pfanne in
etwa ½ Stunde von allen
Seiten braten.
2. Inzwischen die Zwiebeln schälen. Die Tomaten
waschen und putzen. Bei-
des in Spalten schneiden.
die Paprikaschoten vier-
teln, putzen, entkernen,
waschen und grob wür-
feln. Den Knoblauch schä-
len und fein würfeln.
3. Das Öl in einem Topf
erhitzen und Zwiebeln
sowie Knoblauch darin
kurz anbraten. Die Papri-
kaschoten kurz mitbraten.
Dann die Brühe dazugie-
ßen, umrühren und das
Gemüse etwa 10 Minu-
ten zugedeckt schmoren
lassen.

4. Danach die Tomaten-
spalten zum Gemüse
geben und es weitere
2 Minuten köcheln lassen.
Das Basilikum darunter-
mischen. Das Gemüse
zusammen mit der Häh-
nchenkeule anrichten.

ca. 395 kcal • 1640 kJ

Putenragout
mit Brokkoli

Zubereitungszeit:
ca. ½ Stunde

Für 1 Person

150 g Brokkoli
1 TL vegetarische
Gemüsebrühe
(Instantpulver)
150 g Putenschnitzel
150 g Champignons
einige Tropfen Öl
einige Tropfen
Zitronensaft
Meersalz
1 EL saure Sahne

1. Den Brokkoli waschen, die Röschen abschneiden und beiseite legen. Die Brokkolistiele in feine Scheiben schneiden und in 175 ml Wasser zusammen mit der Instant-Gemüsebrühe in etwa ¼ Stunde kochen.
2. Inzwischen das Putenschnitzel in feine Streifen schneiden. Die Pilze kurz waschen, putzen und in dünne Scheiben schneiden.
3. Eine beschichtete Pfanne erhitzen und mit einigen Tropfen Öl auswischen. Das Putenfleisch zusammen mit den Champignons darin bei großer Hitze scharf anbraten und dann bei mittlerer Hitze goldbraun fertigbraten. Alles mit Zitronensaft und Salz abschmecken und anschließend zugedeckt warm stellen.

4. Die Brokkolistiele zusammen mit der Brühe mit dem Schneidstab pürieren und die Sahne hineinrühren. Die Brokkoliröschen dazugeben und etwa 5 Minuten in der Sauce köcheln lassen.
5. Das Putenfleisch und die Champignons unter die Brokkolisauce heben und alles nochmals kurz erhitzen.

ca. 260 kcal • 1090 kJ

Geflügel-Blumenkohl-Suppe

Zubereitungszeit:
ca. 1 Stunde

Für 2 Personen

2 Stangen Lauch
100 g Sellerieknolle
300 g Hähnchen-
brustfleisch
1 Lorbeerblatt
¾ l vegetarische
Gemüsebrühe (aus
Instantpulver zubereitet)
400 g Blumenkohl
½ TL gerieb. Muskatnuß
2 TL mildes Currypulver
5 EL süße Sahne

1. Lauch sowie Sellerie putzen, waschen und in feine Ringe bzw. kleine Würfelchen schneiden.
2. Das Hähnchenfleisch abwaschen, trockentupfen und zusammen mit dem vorbereiteten Gemüse sowie dem Lorbeerblatt in der Brühe aufkochen. Alles etwa 20 Minuten zugedeckt köcheln lassen.
3. In der Zwischenzeit den Blumenkohl putzen, in kleine Röschen teilen und waschen.
4. Das Hähnchenfleisch und das Lorbeerblatt aus der Brühe nehmen und beiseite stellen. Das Gemüse in der Brühe pürieren.
5. Die Blumenkohlröschen in die Suppe geben. Das Hähnchenfleisch in kleine Würfel schneiden und ebenfalls hineingeben. Alles bei nicht zu starker Hitze etwa ¼ Stunde kochen.
6. Die Suppe mit Muskatnuß- sowie Currypulver abschmecken und mit der Sahne verfeinern.
(auf dem Foto oben)

ca. 340 kcal • 1425 kJ

Zucchini-Fisch-Suppe

Zubereitungszeit:
ca. ½ Stunde

Für 2 Personen

600 g kleine, feste
Zucchini
400 g Goldbarschfilet
(Rotbarsch)
½ l vegetarische
Gemüsebrühe (aus
Instantpulver zubereitet)
¼ l trockener Weißwein
1 durchgepreßte
Knoblauchzehe
6 EL süße Sahne
1 kleines Bund Dill

1. Die Zucchini putzen, waschen, trockenreiben und auf einer Rohkostreibe grob raspeln.
2. Das Fischfilet kalt abspülen, trockentupfen und in Portionsstücke schneiden.
3. Beides zusammen in einen Topf geben und die Brühe sowie den Wein dazugießen. Den Knoblauch dazugeben. Den Topf schließen und das Ganze etwa ¼ Stunde leicht köcheln lassen.
4. Den Dill waschen, trockenschwenken, von festen Stielen befreien und fein hacken. Die Sahne unter die Suppe rühren und diese mit dem Dill bestreut servieren.
(auf dem Foto unten)

ca. 535 kcal • 2240 kJ

Vorspeisentip
Essen Sie als Vorspeise eine Fenchel-Sellerie-Frischkost (Seite 60, Eiweißgericht).

Feine Fischsuppe

Zubereitungszeit:
ca. 50 Minuten

Für 2 Personen

1 Zwiebel
1 Stange Lauch
4 Tomaten
1 rote Paprikaschote
1 frische Peperoni
1 ½ EL Butter
je 1 TL Kümmelpulver
und getrockneter
Thymian
¾ l vegetarische
Gemüsebrühe (aus
Instantpulver zubereitet)
400 g Fischfilets (z. B.
Heilbutt, Schellfisch)
etwas Meersalz
3 EL saure Sahne

1. Die Zwiebel schälen, den Lauch putzen und gründlich waschen. Beides in feine Ringe schneiden.
2. Die Tomaten kreuzweise einritzen, kurz in kochendem Wasser überbrühen, enthäuten, von den Stielansätzen befreien und in Würfel schneiden.
3. Die Paprikaschote waschen, trockenreiben, halbieren, entkernen und fein würfeln. Die Peperoni halbieren, entkernen und kleinhacken.
4. Die Butter in einem Topf schmelzen lassen und das vorbereitete Gemüse darin unter Rühren andünsten. Kümmel sowie Thymian hinzufügen und die Brühe dazugießen. Den Topf schließen und alles etwa 5 Minuten dünsten.

5. Inzwischen den Fisch waschen, trockentupfen, in mundgerechte Stücke schneiden, leicht salzen, zum Gemüse geben und die Suppe weitere 8 bis 10 Minuten köcheln lassen.
6. Die Fischsuppe auf 2 Teller verteilen und in die Mitte jeweils einen Klecks saure Sahne geben.

ca. 415 kcal • 1735 kJ

Variation
Wenn Sie Lust haben, geben Sie einige gekochte Tiefseegarnelen in die Suppe.

Fisch mit Zuckerschoten

Zubereitungszeit:
ca. ½ Stunde

Für 1 Person

150 g Fischfilet (z. B.
Kabeljau, Rotbarsch,
Seelachs oder Scholle)
einige Tropfen Zitronen-
saft
Meersalz
150 g Zuckerschoten
½ Kopfsalat
1 TL vegetarische
Gemüsebrühe
(Instantpulver)
1 EL saure Sahne
2 EL grob gehackter
Kerbel

1. Das Fischfilet würfeln
und mit Zitronensaft und
Salz würzen. Die Zucker-
schoten waschen, putzen
und jeweils einmal schräg
durchschneiden. Den
Salat putzen, waschen
und in Streifen schneiden.
2. Dann 100 ml Wasser
zusammen mit der
Instantbrühe aufkochen
lassen. Die saure Sahne
darunterrühren und die
Sauce mit Salz sowie
Zitronensaft würzen.
3. Die Zuckerschoten in
der Sauce bei schwacher
Hitze etwa 5 Minuten
ziehen lassen.
4. Fischwürfel und Salat-
streifen dazugeben und
alles weitere 5 Minuten
köcheln lassen. Dabei
nicht mehr umrühren.
Das Gericht mit dem Ker-
bel bestreuen.
(auf dem Foto: oben)

ca. 250 kcal • 1045 kJ

Variation
Statt Kopfsalat können
Sie für dieses Rezept auch
2 kleine Stauden Chicorée
nehmen.

Curryfisch

Zubereitungszeit:
ca. ½ Stunde

Für 1 Person

150 g Fischfilet (z. B.
Kabeljau, Rotbarsch,
Seelachs oder Scholle)
1 ½ EL Zitronensaft
Meersalz
1 kleine Zucchini
1 Staude Chicorée
2 EL süße Sahne
1 TL Currypulver

1. Das Fischfilet mit ½
Eßlöffel Zitronensaft und
Salz würzen.
2. Die Zucchini wa-
schen, putzen und in
Scheiben schneiden. Den
Chicorée waschen, den
bitteren Strunk am unte-
ren Ende keilförmig her-
ausschneiden und den
Chicorée in Streifen
schneiden.
3. Dann 100 ml Wasser
mit Sahne, 1 Eßlöffel
Zitronensaft, Currypulver
und Salz verrühren.
4. Die Currysauce in
einer Pfanne aufkochen
lassen. Den Fisch im gan-
zen sowie die Zucchini-
scheiben dazugeben und
alles etwa 5 Minuten in
der Sauce köcheln lassen.
Den Fisch dabei einmal
vorsichtig wenden.
5. Kurz vor Ende der Garzeit den Chicorée unter
das Gemüse heben.
(auf dem Foto: Mitte)

ca. 250 kcal • 1045 kJ

Lachsragout

Zubereitungszeit:
ca. ½ Stunde

Für 1 Person

150 g Lachsfilet
Meersalz
einige Tropfen
Zitronensaft
2 Schalotten oder
2 kleine Zwiebeln
1 Knoblauchzehe
100 g Shiitake-Pilze
150 g Blattspinat
1 EL kaltgepreßtes
Sonnenblumenöl
100 ml Weißwein
2 EL saure Sahne

1. Das Lachsfilet grob
würfeln und mit Salz und
Zitronensaft würzen.
2. Die Schalotten oder
die Zwiebeln und die
Knoblauchzehe schälen,
alles fein würfeln. Die
Pilze kurz waschen, put-
zen und halbieren. Den
Spinat verlesen und
waschen.
3. Das Öl in einem Topf
erhitzen und die Pilze
darin anbraten. Schalotten
oder Zwiebeln und Knob-
lauch dazugeben und gla-
sig dünsten.
4. Nach und nach den
Wein dazugießen und die
Flüssigkeit bis auf 1 Eßlöffel einkochen lassen. Die
Sahne hineinrühren, die
Sauce mit Salz abschmek-
ken und sie einmal kurz
aufkochen lassen.
5. Den Spinat in die
Sauce geben und zuge-
deckt zusammenfallen las-
sen. Die Fischwürfel dazugeben und bei schwacher
Hitze in etwa 6 Minuten
gar ziehen lassen.
(auf dem Foto: unten)

ca. 590 kcal • 2460 kJ

Register

Alphabetisches Rezeptverzeichnis

Erklärung der Symbole
■ Kohlenhydratgericht
■ Eiweißgericht
■ neutrales Gericht

Rezeptverzeichnis nach Rubriken

Erklärung der Symbole
■ Kohlenhydratgericht
■ Eiweißgericht
■ neutrales Gericht

Von derselben Autorin sind im FALKEN Verlag bereits erschienen:
„Leben mit Trennkost" (4760), „Das große Buch der Trennkost" (4498), „Die aktuelle
Trennkost" (4685), „Schlank werden nach Dr. Hay – Trennkost" (4298), „Schlank durch
Trennkost" (4475), „Trennkost" (60023)

Zum gleichen Themenbereich sind im FALKEN Verlag außerdem erschienen:
„Alles über die Haysche Trennkost" (4711), „Schnelle Trennkostküche" (4746),
„Trennkost Backen" (1608), „Das kleine 1 x 1 der Trennkost" (1428)

Die Deutsche Bibliothek – CIP-Einheitsaufnahme

Das **Beste aus Ursula Summs Trennkost-Küche** / Niedernhausen/Ts. :
 FALKEN, 1996
 ISBN 3-8068-4852-1
NE: Summ, Ursula

ISBN 3 8068 4852

© 1996 by Falken-Verlag GmbH, 65527 Niedernhausen/Ts.
Die Verwertung der Texte und Bilder, auch auszugsweise, ist ohne Zustimmung des Verlags
urheberrechtswidrig und strafbar. Dies gilt auch für Vervielfältigungen, Übersetzungen,
Mikroverfilmung und für die Verarbeitung mit elektronischen Systemen.

Umschlaggestaltung: Peter Udo Pinzer
Gestaltung: Christa Johanna Gramm
Redaktion: Barbara Fleig
Herstellung: Albert Brühl
Titelbild: TLC Foto-Studio GmbH, Velen-Ramsdorf
Fotos: Gisela Kelbert, Idstein: Seite 23; **TLC-Foto-Studio GmbH,** Velen-Ramsdorf: Seite 46/47;
FALKEN Archiv: Wolfgang Feiler: Seite 4 o. re. / **Edith Gerlach:** Seite 22 Mi. / **Photographie Brigitte
Harms:** Seite 4 o. li., 8 u., 16 li. u., 16 li. o., 18 / **Ulrich Kopp:** Seite 4 u. / **Margit Schwarz:**
Seite 46 o. und u. / **T. + E. Creative Fotografie + Styling:** Seite 19 u.; alle übrigen Archivfotos:
TLC-Foto-Studio GmbH
Zeichnungen: FALKEN Archiv: Ulrike Hoffmann: Seite 7 u. / **Gerhard Scholz:** Seite 7 o.

Die Ratschläge in diesem Buch sind von der Autorin und vom Verlag sorgfältig erwogen und
geprüft, dennoch kann eine Garantie nicht übernommen werden. Eine Haftung der Autorin
bzw. des Verlags und seiner Beauftragten für Personen-, Sach- und Vermögensschäden ist aus-
geschlossen.

Satz: Grunewald Satz & Repro GmbH, Kassel
Druck: Ernst Uhl, Radolfzell

817 2635 4453 6271